财富商学院标杆企业书系

老干妈需要上市吗

周锡冰 /著

当代中国出版社
Contemporary China Publishing House

图书在版编目（CIP）数据

老干妈需要上市吗 / 周锡冰著 . -- 北京 : 当代中国出版社 , 2022.11
（财富商学院标杆企业书系）
ISBN 978-7-5154-1150-7

Ⅰ . ①老… Ⅱ . ①周… Ⅲ . ①食品工业—工业企业管理—经验—贵阳 Ⅳ . ① F426.82

中国版本图书馆 CIP 数据核字（2021）第 216892 号

出 版 人　冀祥德
责任编辑　陈　莎
责任校对　康　莹
印刷监制　刘艳平
封面设计　马　帅　鲁　娟
出版发行　当代中国出版社
地　　址　北京市地安门西大街旌勇里 8 号
网　　址　http://www.ddzg.net
邮政编码　100009
编 辑 部　（010）66572180
市 场 部　（010）66572281　66572157
印　　刷　北京润田金辉印刷有限公司
开　　本　880 毫米 × 1230 毫米　1/32
印　　张　8.875 印张　2 插页　153 千字
版　　次　2022 年 11 月第 1 版
印　　次　2022 年 11 月第 1 次印刷
定　　价　59.00 元

自　序

1978年，改革开放如同一声春雷，唤醒了中国尘封已久的全民创业热情。其后，成千上万的人迈出自己创业的第一步。

当我们回顾这40多年波澜壮阔的历史，陡然发现，这40多年其实也是一部民营企业再次生根、发芽，以及茁壮成长的历史。

在这些“破土”而出的企业中，有的因为创始人热衷广告投放、忽视产品研发而倒闭；有的因为创始人热衷搞政商关系造成张力错位而倒闭；有的因为创始人热衷上市圈钱而忽略创业初衷而破产……

大浪淘沙，一些优质的民营企业因为创始人的实干、能抵制住各种诱惑而生存下来，“老干妈”创始人陶华碧便是其中之一。

回顾陶华碧的创业历程，可以发现，陶华碧通过稳健的财务战略，不仅把“老干妈”打造成辣椒酱行业的冠军，同时颠覆了我们对一些民营企业家使用的投机、抵制不住诱惑、盲目冒进、“三年多元化，五年500强”等错误战略的认知。

在创始人陶华碧的带领下，如今的“老干妈”年销售额已经超过50亿元，而且正稳健地驶向深蓝。这意味着，只要“老干妈”接班人按照陶华碧的既定战略走下去，到达彼岸的光明未来可期可盼。

可能读者好奇的是，到底是什么原因导致了改革开放后中国民营企业“一半海水，一半火焰，冰火两重天”的境遇呢？为什么老干妈能够茁壮成长呢？

一个关键原因就是，创始人陶华碧坚持实业、拒绝资本的做法。

翻看陶华碧有限的几次媒体采访发现，她谈论最多的依旧是自己始终坚持“不要贷款、不要参股、不融资、不上市”。这样的战略与当前很多企业家的做法不一样。

在当下，无论是瑞幸咖啡，还是拼多多等，都在向外界传递出这样的信息——只有资本运作方能搅动商界风云。客观地讲，拼多多和瑞幸咖啡的成功，很大程度上归功于资本运作。但是，资本运作之后，企业经营者必须回到商业经营的本质——给顾客提供极致的商品和服务，否则拼多多和瑞幸咖啡将在资本经营中折戟。

鉴于此，在一拨又一拨的资本运作风暴中，在“阴谋”与“阳谋”并存的背景下，2019年的夏天，一些资本运作的企业家被异常地暴露在沙滩上，例如，风光无限、最有影响力的商界女性罗静。

通过这样的对比发现，陶华碧经营的“老干妈”虽然规模不大，却异常稳健。在通往上市的这条路上，陶华碧非常抗拒，甚至远离融资和上市，坚持“不要贷款、不要参股、不融资、不上市”。

与那些即使没有达到上市条件，哪怕是财务造假也要上市的企业相比，陶华碧这样的做法看似有些另类，实则是读懂了资本拥有者贪婪的本质。这就是陶华碧的精明之处，因为天下没有免费的午餐。

正因如此，陶华碧才敢于拒绝热火朝天的资本运作，敢于拒绝银行贷款，敢于拒绝向机构出售股权，甚至敢于拒绝上市。正是这样的坚持，“老干妈”才成为中国辣椒酱行业的冠军企业。

可以说，走近“老干妈”，就是走近一段创业传奇。从街边小摊到销售额突破50亿元的民营企业，从传统小作坊到享誉国内外的中国知名品牌，陶华碧的传奇经历和“老干妈”的成功嬗变，演绎出中国民营企业家40多年来发轫、起伏、壮大的成长历程，谱写了一个民营企业思变图强的传奇神话。

陶华碧所以能够谱写这个传奇神话，与其自身的经历和经营策略分不开。在本书中，我们将重点剖析“老干妈”为什么不上市，以及其融资渠道，尤其是陶华碧把产品真正做到极致，坚持“不要贷款、不要参股、不融资、不上市”的稳健发展策略，且她倾心实业，努力把“老干妈”打造成为“百年老店”。

可以肯定，陶华碧的这些经营策略，并无过多的概念和花样，都是在实践中总结出来的。在本书中，作者从多个角度剖析了世界发达国家，例如，美国和德国家族企业为什么不愿意上市，同时来求解陶华碧“不要贷款、不要参股、不融资、不上市”的想法和做法。

当然，所以选择这些内容来分析，是希望最大限度地分析“老干妈”为什么不上市，力求探索拒绝资本的经营模式在家族企业经营中所发挥的作用，为中国家族企业的经营和发展提供借鉴。

虽然作者已在家族企业领域研究了20余年，但是家族企业研究是一项没有终点的事业，作者只是在研究中总结了一些心得。由于水平有限，希望读者批评指正。

周锡冰

2021年12月26日

目录

第一章

坚持实业，拒绝资本

时间荏苒，当我们回顾改革开放 40 多年来中国企业走过的岁月时，陡然发现，中国企业家，尤其是中国家族企业家走过的那段创业路似乎更加艰难。

不管是贵阳南明老干妈风味食品有限责任公司（以下简称老干妈）创始人陶华碧，抑或是她的老乡、华为技术有限公司（以下简称华为）创始人任正非，抑或是作为家族企业经营者的杭州娃哈哈集团有限公司（以下简称娃哈哈）创始人宗庆后，抑或是新希望集团有限公司（以下简称新希望）创始人刘永好……在这一串名单中，他们的创业初衷都是希望改变自己的生活。但是当把企业经营到一定规模后，他们虽然不再为生活而发愁，心中却保持了对“门口野蛮人”的警惕，以及对不确定未来的敬畏。

然而，成千上万名创业公司的创始人可不这样想，他们想尽各种办法，即使挤破脑袋也要冲进资本市场，要到证券交易所“敲”一回钟，似乎不去敲钟，就证明不了他们的野心。更有甚者，把“上市”视为衡量企业经营成功与否的唯一标准。

反观中国市场，股民们对持续低迷的中国股市依然热情不减，不少企业仍旧在“首次公开募股”的队伍中等候。

来自中国证监会的信息显示，截至 2019 年 1 月 3 日，中国证监会受理首发及发行存托凭证企业 300 家，其中已过会 32 家，未过会 268 家；未过会企业中，正常待审企业 261 家，中止审查企业 7 家。[①]

与之相反的是，偏安贵阳的老干妈，其创始人陶华碧却用另外一种态度——“不要贷款、不要参股、不融资、不上市”，拒绝了资本的诱惑，并且坚持实业，坚持以极致的产品和服务让老干妈这艘大船扬帆出海，驶向深蓝，开启自己的百年老店之旅。

---

① 《证监会：受理首发及发行存托凭证企业 300 家已过会 32 家》，每经网，2019 年 1 月 5 日。

“什么上市、融资这些鬼名堂，我对这些是蒙的，我只晓得炒辣椒，我只干我会的。”

面对当下企业界甚嚣尘上的“资本为王”做法，陶华碧却有话要说：“什么上市、融资这些鬼名堂，我对这些是蒙的，我只晓得炒辣椒，我只干我会的。”

陶华碧认为，专业的人做专一的事情，尤其是在辣椒酱领域。老干妈的企业标准，不仅达到了行业标准，甚至成为国家标准的参考。

在陶华碧看来，只有把产品做到极致，才是一个经营者应尽的责任。至于资本运作，陶华碧始终是抗拒的，正因为如此，她才对外称：“不要贷款、不要参股、不融资、不上市”。

“我们没有这个需求，而且只专注做辣椒酱，不搞其他的，所以没有跟那些机构接触的必要嘛。”

“中国的英雄是可以跪的，甚至可以从别人的胯下钻过去。”这是以新东方为原型拍摄的一部名叫《中国合伙人》的电影中的一句台词。

这句潜台词的背景是，在中国较为特殊的经营环境下，企业家要想生存和发展，就必须低头。鉴于此，电影还把成东青在“警察”面前唯唯诺诺“装孙子”的样子做了一个大大的“特写”。

然而，“日鼓鼓”的贵州企业家、老干妈创始人陶华碧却用自己的方式完成了一次华丽的蜕变，打破了成东青在警察、工商、税务面前战战兢兢的形象。“日鼓鼓”，贵州方言，意思是倔、认死理、坚韧不拔、百折不挠。[①]

正是因为这样的性格，陶华碧才敢于打破旧有的、过往企业家形象。陶华碧在接受凤凰网记者陈芳采访时谈到，在创业初期，她一天要打三次架——跟税务打，跟城管打，跟工商打。

陶华碧哪里来的底气呢？答案就是，她“踏踏实实做企业，不偷一分税钱，一点儿把柄不留给别人，底气十足地跟他们干架”。

在接受采访时，激动的陶华碧突然站起身来，似乎回到当年跟税务理论的“讲理”时刻，怒拍桌子说道：

> 你个狗日哩，给老子查清楚，我明明纳税第一，怎么给我弄到第二？30万（元）税款你们给我弄哪里去了？[②]

---

① 王志纲：《日鼓鼓的贵州》，搜狐网，2019年6月30日。

② 陈芳：《独家对话老干妈：我不坚强，就没得饭吃》，凤凰网，2013年6月6日。

为什么陶华碧发此大火呢？原因是，在贵阳南明区一次纳税大户评选大会上，税务部门由于自己的工作失误，少算了老干妈的 30 万元税款，将纳税第一的老干妈排到了第二名。

税务部门为了修正自己的错误，就提出可以“私下补上”。然而，陶华碧可不是那么好糊弄过去的，她压根儿就不吃这一套。

面对税务部门“私下补上”的修正做法，陶华碧的态度很明确，可以不要奖品和一分钱的奖金，但是“必须在大会上公开给我个说法，这是你们的工作，也是你们的职责”。

陶华碧介绍道，自创业开始，她就给自己定了一个原则——诚信纳税。一旦不按时缴税，自己甚至都睡不着觉。当工作人员弄错其税款后，陶华碧就发火了。

在纳税问题上，陶华碧不只一次跟税务部门的工作人员“打过架”。有一次，陶华碧主动到税务局申报纳税。工作人员由于要送孩子去学校，不给办理，让陶华碧改天再来。陶华碧怒了，上去跟该工作人员“干”了一架：我主动来纳税，他还刁难我！

回忆过去的多年创业经历，陶华碧曾多次怒怼政府工作人员。而在企业上市问题上，陶华碧也曾谢绝政府的“好意”。

据了解，由于陶华碧坚决不上市，贵阳当地政府多次吃了闭门羹。

贵阳市某政府官员曾说过："和她谈融资的事情比引进外资还要难，她心里拿不准的事谁也说不动。"

该官员的无奈和其他一些事实证明，有些企业的上市动机，竟然仅仅是因为一些地方政府的推动，有时这甚至是决定性的因素。

对此，在"家族企业如何做到基业长青和永续经营"课堂上，一些研究者疑惑地问道："周老师，您说有些地方政府为了推动企业上市，其出发点到底是政绩需要，还是企业实际发展？"

面对这样的问题，笔者都客观地评价地方政府的推动力。笔者认为，政府推动上市，上述两个方面因素都存在。

第一，解决企业融资难题。有些地方政府推动企业上市是为了让企业能够获得更多、更好的融资渠道和能力，同时也是解决当前民营企业，尤其是家族企业融资难、融资贵的问题。比如，台州各级党委政府就要求为企业提供"五心"服务：①情感上暖心；②行动上贴心；③措施上用心；④机制上顺心；⑤关系上无私心。从台州的"五心"服务来看，推动上市只是其中的一个部分。

第二，政绩需要。推动企业上市，也不排除一些地方政府是为了政绩的需要。对此，学者经宝曾撰文写道："有一些地方政府从短期政绩出发，将一批根本不具备上市条件或者说暂时还不够条件的企业强行推动上市，这样的问题企业登陆证券市场，自然会给投资者甚至整个社会带来无穷危害，上市工作演变成新的‘政绩工程’。”[①]

客观地讲，为了政绩，推动企业上市的初衷是要不得的。当然，激励一些发展较好、在行业里拥有较大优势的企业上市，这样的做法还是值得倡导的；只不过，上市与否，其意愿取决于企业决策者。对此，再回到贵阳市政府激励老干妈上市这个问题上，初衷可能是更好地扩大老干妈的融资渠道，但是陶华碧在坚持不上市时，贵阳市政府也尊重了陶华碧的选择。

虽然如此，老干妈拥有强大的现金流，让众多的投资机构“垂涎三尺”。为了推动老干妈上市，北京某投资机构甚至通过某政府官员企图说服陶华碧。让那些有意入股老干妈的投资机构失望的是，因为陶华碧坚持“不要贷款、不要参股、不融资、不上市”，从而直接拒绝了投资机构的进入。铩羽而归的北京某投资机构的人士事后说道：“很早之前就有机构在关注了，但是他们（老干妈）一直闭门不见，走政府渠道也没用。”

投资机构的悻悻而归，让我们看到老干妈拒绝凭借资本边界扩张的决心。的确，在当下的镀“金”时代，一切以资本为王的战略中，陶华碧的做法可谓一种另类。

① 经宝：《不贷款、不融资、不上市“老干妈”不上市给政府和企业的启示》，《企业家日报》2014 年 4 月 25 日。

陶华碧创业20多年来，尤其是截至2014年初，只有两个投资机构有幸迈进老干妈的大门。当初负责接待这两家机构的老干妈内部人士回忆道："一家北京的，一家香港的，分别是2011年和2012年来的。"

负责接待的人称，在当时，陶华碧压根就没考虑融资和上市，也没有进一步接触的打算，现在都已经记不清楚这两家投资机构的名称，甚至把投资者的名片都丢掉了。

当初负责接待的人解释说："当时他们已经到贵阳了，找到政府，政府的人把他们带到公司。我们直接拒绝了，没有这个意向和需求，与他们也没有什么可谈的，顶多给他们介绍了一下我们公司的发展。"

在负责接待的人看来，是政府的人把他们带到公司，不得不接待。另外，还有一些投资机构通过贵阳市政府转达投资老干妈的意愿，因为老干妈没有上市和融资需求，就直接拒绝了。当初负责接待的人说："有一家，政府那面的人给我电话，我直接回绝了。"

北京某投资机构人士的说法印证了上述观点。有意向投资老干妈的绝对不止几家机构，起码有数百家机构：听说很多机构都找过贵阳市政府，只是老干妈不见。

不可否认的是，贵阳市政府之所以积极地配合众多投资机构，希望老干妈能尽快上市，还是源于地方政府的"政绩"动机。对此，贵阳一金融从业人士在接受《理财周报》记者王薇薇采访时坦言："见不到公司（负责人），机构只能找政府，政府当然鼓励企业去上市，毕竟贵州的上市公司少得可怜。但企业的工作做不通，老干妈不要银行贷款，甚至政府的钱也不要，更不用说外面来的投资机构了。"

该人士补充道："找政府没用，企业压根不买账。政府也知道他们的脾气，很多意向不用转达，就直接把机构回绝了。"

当然，陶华碧之所以敢怼工商、税务、城管，甚至是政府工作人员，原因是老干妈从不与当地政府拉关系，其底气十足。对此，贵阳当地一政府部门官员曾感慨："尤其是这几年公司越做越大，即便是政府的人，想见那几位高层也很难。"

当笔者翻阅媒体的多篇报道，不管是报道陶华碧，还是介绍其接班人，抑或老干妈的内部人士，都在反复强调一个观点——"不要贷款、不要参股、不融资、不上市"。

"不管什么产品，只要我一闻一尝，就晓得哪种配料没放对。"

拥有1400多年历史的日本企业金刚组，凭借一代又一代的技术传承，排在美国《家族企业》（*Family Business*）杂志"全球最古老家族企业榜"首位，成为世界最古老的长寿企业。

金刚组第40代会长金刚正和说过："等到两三百年以

后，把这些建筑物拆开的时候，人家负责拆房子的木匠会想起我们这些匠人来的。他们会感叹说，瞧这活儿，干得真棒！”

在中国贵州，凭借自己独特的口味、过硬的品质，老干妈迎来了爆发式增长：1998 年，老干妈产值达到 5014 万元；1999 年，老干妈产值达到 1.26 亿元；2006 年，老干妈产值达到 12.8 亿元；2016 年，老干妈年度销售额突破 45 亿元……[①]

老干妈之所以能够实现爆发式增长，一个重要的原因是，老干妈拥有独特的口味和过硬的品质。老干妈辣椒酱为什么能拥有独特的口味和过硬的品质呢？答案是：陶华碧出生在黔北地区，她自身有过硬的辣椒制作技术。

（1）在黔北地区，引进和食辣的历史较长。在遵义地区，当地人民把辣椒作为调味品，已经有几百年的历史。据道光《遵义府志》记载：“番椒丛生……郡人通呼海椒，亦称辣角。园蔬要品，每味不离。盐酒渍之人，可食终岁。其形状有数种，长细角似者，牛角椒；细如小笔头、丛结、尖仰者，名纂（音转）椒，二种尤辣。一种扁圆形，色或红或黄，味不甚辣，名柿椒。”[②]

这段记载，足以说明在清道光年间，遵义地区的人们已

---

① 鄢银婵：《老干妈创始人不当家已近 3 年大儿子和“神秘人”执掌公司》，《每日经济新闻》2017 年 2 月 14 日。

② （清）郑珍、莫友芝：《遵义府志》，道光二十一年（公元 1841 年）刻本。

经把辣椒作为必备的调味品了。

另外，该文献还披露，遵义当时种植的辣椒类型也很多。经过长期的自然淘汰和人为选择，以及遵义独特的地理和土壤环境，遵义辣椒被列入中国七大名椒之一。

（2）黔北地区的辣椒曾经作为 20 世纪 50 年代的重要创汇产品。在很长的时间里，尤其是清朝和民国时期，遵义地区的辣椒以自食为主，只有一少部分作为商品出售。遵义辣椒大规模的商品化生产，是在中华人民共和国成立以后。资料显示，20 世纪 50 年代末，遵义辣椒开始向斯里兰卡、新加坡、日本等国出口。1957 年，遵义地区的遵义县成为贵州全省年产辣椒上万担的唯一县，同时该县还建立了出口辣椒（朝天椒）的生产基地。

（3）遵义的辣椒品质较好，同时经过改良，既保证了辣椒的口感，又扩大了辣椒的规模，甚至是提高了产量。在遵义辣椒中，遵椒一、二、三号目前得到广泛种植。据了解，遵椒一号的果为圆锥形，果顶尖、钝，果面光滑，果长通常为 3~4 厘米，果宽 2 厘米，青果为绿色，老熟果为深红色；辣椒干平均单果重 1.2 克。遵椒一号形状均匀，肉厚质细，果实味中等偏辣。

遵椒二号辣椒，其果为指形，果顶尖，果面光滑，果长通常为 5~7 厘米，果宽 1.7 厘米，青果为绿色，老熟果为深红色；辣椒干平均单果重 1.1 克。遵椒二号形状均匀，肉厚质细，果实味辣。

遵椒三号辣椒，其果为樱桃形，果顶尖，果面光滑，果长通常为2.3~3厘米，果宽1.5厘米，青果为绿色，老熟果为深红色；辣椒干平均单果重1克。遵椒三号形状均匀，肉厚质细，果实辣味适中。

（4）遵义的辣椒营养丰富。独特的自然环境，保证了辣椒的营养较为丰富。在这里，我们就以辣椒生产大县——遵义凤冈县为例。①凤冈县位于贵州省东北部乌江中游，居乌江北岸大娄山南麓，地理坐标处于东经107°31′~107°57′、北纬27°31′~28°22′。②典型的中亚热带湿润季风气候。凤冈县年均温度15.2℃，最高气温37.8℃，最低气温-7.4℃，无霜期277天，年平均积温5548℃，年日照时数962.4~1349小时，年平均日照时数1139小时，年平均降雨180天左右，降水量约1257.21毫米。③地表、地下水源丰富。凤冈县属于典型的喀斯特地形地貌，水源丰富。凤冈全县地表水资源由315条支流汇集成5大河流，河道总长1229.6公里，地表径流11.72亿立方米，地下水资源2.57亿立方米。④喀斯特地形地貌，土壤富含稀有元素。凤冈县是典型的喀斯特岩溶山区、低山丘陵、低山深切割地貌，土壤主要为黄壤、石灰土、紫色土、水稻土4个土类、11个亚类、45个土属、113个土种。

正因为如此，在遵义地区种植的辣椒，尤其是小辣椒，营养丰富：①鲜椒中所含维生素较高，每克维生素 C 的含量竟然高达 198 毫克，在中国众多的辣椒品种中名列前茅。②遵义辣椒所含胡萝卜素也较高，其含量仅次于胡萝卜。③遵义辣椒的药用价值也高。据姚可成《食物草本》一书记载，遵义辣椒具有“消宿食、解结气、开胃口、辟邪恶、杀腥气诸毒”的功效。即使是现代医学也同样证明，辣椒中所含的辣椒素，确有增进食欲、帮助消化、兴奋神经、增温御寒、促进血液循环和杀虫败毒作用。[①]

（5）食辣的口感，更为重要的是，黔北地区的生活方式。在贵州地区，口味偏于香辣。相对贵州，四川地区的食辣人群更偏向麻辣，湖南地区的食辣人群偏向于鲜辣。由于食辣的倾向不同，导致食辣地区所生产的产品风味迥然不同。

基于以上几点，加上陶华碧数十年的潜心研究和探索，以及上万次的产品实验，老干妈的产品才赢得消费者认可。

回顾老干妈辣椒酱的改良过程不难发现，陶华碧把黔北地区日常的辣椒酱加以改良，其口感更“香”，同时与“香辣”结合，使老干妈产品赢得了国内，以及欧盟、美国、澳大利亚、新西兰、日本、南非、韩国等国家和地区的顾客认可。

正是陶华碧对产品的不断改进，改变了辣椒产品局限于嗜辣地区形成的饮食传统习惯，创造了辣椒酱这个蓝海市场的

---

① 周锡冰、周梅梅、吴旭芳：《老干妈你学不会》，厦门大学出版社 2019 年版，第 7 页。

需求。可以说，陶华碧在产品开发上，绝对是一个出色的技术总监、产品总监。

为了能够开发更好的辣椒酱产品口味，更好地保持灵敏的味觉和嗅觉，出生在茶区的陶华碧，坚持不喝茶，甚至也不喝饮料。这是常人无法做到的，尤其是在嗜茶如命的贵州遵义。

正因为如此，陶华碧在接受媒体采访时自信地说道：

> 不管什么产品，只要我一闻一尝，就晓得哪种配料没放对。

对此，娃哈哈贵州分公司的一位渠道经理给予陶华碧较高的评价：有华人的地方，就有老干妈。它最大的意义是提高了华人对辣椒的接受度和依存度，改变了华人的口味。

该渠道经理所言极是。当华人拓展全球商业市场时，老干妈产品也开始远销到欧盟、美国、澳大利亚、韩国等多个国家和地区，成为名副其实的舌尖上的“中国名片”。

根据中国旅游研究院、携程发布的《2017 出境旅游大数据报告》显示，3 亿用户乘坐飞机飞越了 214 个国家和地区，旅客随身携带频次最多的食品是老干妈、榨菜、方便面。

从这个角度来分析，陶华碧拥有制作好吃辣椒酱的手艺，让很多竞争者至今无法超越。这样的底气可是在陶华碧经商的初始阶段就存在的。

回顾当初，当发现其他销售凉粉的摊主生意很火的原因竟然是自己的辣椒酱后，陶华碧改变了以前的销售策略，第二天，她再也不单独售卖辣椒酱了。

陶华碧这一举措的确击中了要害，导致那些购买不到辣椒酱的摊主不得不上门求她：你既然能做出这么好的辣椒酱，还卖什么凉粉？痛快地开家辣椒酱工厂算了！

求购辣椒酱的摊主的一席话触动了陶华碧：是呀，有这么多人爱吃我做的辣椒酱，我还卖什么凉粉？干脆开家辣椒酱工厂。

在了解到有巨大的需求后，陶华碧毅然地舍弃了苦心经营多年的实惠餐厅。其后，陶华碧着手创办老干妈辣椒酱公司，自己的企业也由此开创。

“我做的米豆腐可以下锅炒，做辣椒调味品，也总是比别人口味独特。”

在技术为王的时代，企业的竞争实质就是技术的竞争、标准的竞争。正因为如此，老干妈的企业标准成为国家参考的依据。

据媒体报道称，曾经有国家科研人员组建一个团队试制辣椒酱，试图在辣椒酱里添加期望的营养成分。尽管费尽周折，调来调去，结果发现，他们试制的辣椒酱味道始终不对。

为了一探究竟，媒体记者就此问题采访了陶华碧。面对媒体记者的提问，陶华碧解释道：

> 我没有文化，就一心研究技术。有技术，到哪里都干得好。卖米豆腐时，我做的米豆腐可以下锅炒；做辣椒调味品，也总是比别人口味独特。

在陶华碧看来，老干妈辣椒酱之所以能够赢得顾客青睐，是建立在无数次的实验和改良以及精益求精基础之上的。这就是为什么国家制定的油制辣椒标准是以老干妈标准为基础的一个重要原因。

不可否认的是，老干妈辣椒酱之所以能够成为国家标准的参考范本，是因为老干妈创始人陶华碧拥有过硬的技术。这不仅是老干妈的核心竞争力，也是老干妈的独门绝技。

中国的辣酱企业成千上万，但是始终无法撼动老干妈的绝对市场份额。来自调研公司的数据显示，老干妈 2016 年的销售额达到 45 亿元，占据市场第一位，市场占有量高达 20.50%；其次是李锦记，占比 9.70%；辣妹子占比 9.20%。具体见图 1–1。

以上数据足以说明，老干妈不仅拥有较高的品牌优势，同时拥有较高的市场认知度和品牌影响力。

来自《2014—2019 年中国辣椒酱市场竞争格局与发展前

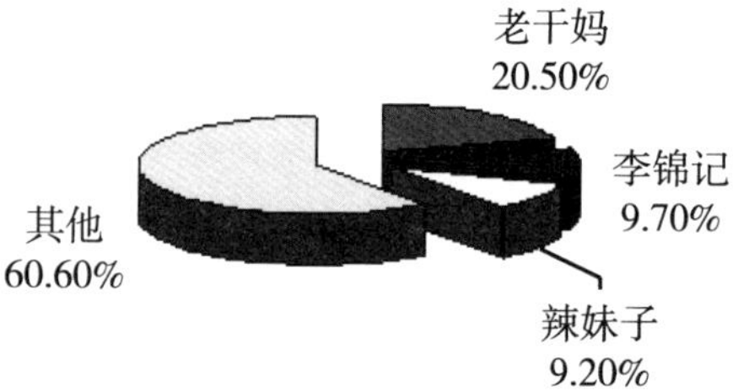

图 1–1　老干妈在中国辣酱行业市场占比

景研究报告》的数据显示，在华东区域市场，老干妈的市场占有率竟然高达 36.55%，比占比第二的 15.01% 的两倍还多，见表 1–1。

表 1–1　中国辣椒酱行业品牌产品华东区域市场占有情况

企业名称	华东重点区域	市场份额
老干妈	上海、江苏、浙江、福建	36.55%
花桥·桂林辣椒酱	上海、江苏、浙江	15.01%
饭扫光	上海、山东、安徽	8.85%
海南黄灯笼辣椒酱	江苏、山东、福建	8.02%
阿香婆辣椒酱	上海、浙江、山东	6.75%
户户辣椒酱	安徽、福建	6.43%
李锦记	上海、江苏、浙江	5.58%
美乐辣椒酱	江苏、浙江、福建	2.71%
辣妹子辣椒酱	上海、江苏、福建	2.18%
小康牛肉酱	福建、山东、安徽	1.66%
其他		6.26%

资料来源：智妍咨询：《2014—2019 年中国辣椒酱市场竞争格局与发展前景研究报告》，2018 年。

从表 1–1 可以看出，在华东市场，老干妈占据近四成市场份额。在中南区域市场，老干妈同样占据更高的 37.68% 的市场份额，见表 1–2。

表 1–2　中国辣椒酱行业品牌产品中南区域市场占有情况

企业名称	中南重点区域	市场份额
老干妈	广东、湖北、湖南	37.68%
花桥 · 桂林辣椒酱	广东、广西、海南	16.53%
饭扫光	湖北、河南、广东	6.37%
海南黄灯笼辣椒酱	海南、广东、湖北	6.12%
阿香婆辣椒酱	河南、湖北、广东	5.85%
户户辣椒酱	广东、海南、湖北	5.34%
李锦记	广东、湖南、湖北	5.28%
美乐辣椒酱	湖南、广东、广西	2.85%
辣妹子辣椒酱	湖南、广东、广西	2.38%
小康牛肉酱	河南、海南、广东	2.12%
其他		9.48%

资料来源：智妍咨询：《2014—2019 年中国辣椒酱市场竞争格局与发展前景研究报告》，2018 年。

即使在华北区域市场，老干妈的市场占有率也达到 39.31%，见表 1–3。

表 1–3　中国辣椒酱行业品牌产品华北区域市场占有情况

企业名称	华北重点区域	市场份额
老干妈	北京、天津、河北	39.31%
花桥 · 桂林辣椒酱	北京、天津、河北	17.47%
饭扫光	北京、内蒙古、山西	6.16%

续表

企业名称	华北重点区域	市场份额
海南黄灯笼辣椒酱	北京、天津、河北	6.02%
阿香婆辣椒酱	北京、天津、山西	5.18%
户户辣椒酱	北京、天津、河北	5.01%
李锦记	北京、天津、河北	4.23%
美乐辣椒酱	北京、天津、河北	2.78%
辣妹子辣椒酱	北京、天津、河北	2.24%
小康牛肉酱	北京、天津、河北	2.07%
其他		9.35%

资料来源：智妍咨询：《2014—2019 年中国辣椒酱市场竞争格局与发展前景研究报告》，2018 年。

在西部区域市场，尤其是四川、贵州、陕西，辣椒品牌竞争异常激烈。但是经研究发现，老干妈的市场占有率竟然达到 34.38%，占据绝对优势，见表 1–4。

表 1–4 中国辣椒酱行业品牌产品西部区域市场占有情况

企业名称	西部重点区域	市场份额
老干妈	四川、贵州、陕西	34.38%
花桥·桂林辣椒酱	四川、贵州、陕西	17.14%
饭扫光	四川、陕西、青海	7.60%
海南黄灯笼辣椒酱	陕西、青海、新疆	6.61%
阿香婆辣椒酱	陕西、青海、宁夏	5.57%
户户辣椒酱	四川、陕西、青海	5.20%
李锦记	四川、陕西、新疆	4.40%
美乐辣椒酱	陕西、青海、宁夏	3.20%

续表

企业名称	西部重点区域	市场份额
辣妹子辣椒酱	陕西、宁夏	2.05%
小康牛肉酱	陕西、青海、宁夏	1.96%
其他		11.89%

资料来源：智妍咨询：《2014—2019 年中国辣椒酱市场竞争格局与发展前景研究报告》，2018 年。

“上市融资，只不过是些骗人的把戏，让陌生人进来入股，把我的利润拿走，留下窟窿让我来填，我才不干。”

2014 年 4 月，一则关于“老干妈不上市”的新闻引起了媒体、大学商学院教授、风险投资人等各路精英们的热议。

其实，上市与否不过是一个企业经营者的经营策略而已，为什么在中国市场上一而再、再而三的“一石激起千层浪”呢？这背后到底是什么力量在搅动着这一潭上市热潮的春水呢？为什么一个偏安西南的食品企业引发如此大的关注呢？

面对争议，陶华碧有自己的看法。在接受媒体记者采访时，陶华碧坦言：

> 上市融资，只不过是些骗人的把戏，让陌生人进来入股，把我的利润拿走，留下窟窿让我来填，我才不干。

客观地讲，作为经营者的陶华碧，仅仅阐释了老干妈作为传统企业的一种经营思路，同时也从自己的角度解读了上市和融资。尽管陶华碧的看法不是放之四海而皆准的万能法则，但这是她自己的经营心得。其后，陶华碧的观点引发了一场中国企业上市与否的大讨论。

一时间，诸多教授和企业家等群体支持陶华碧的做法。他们认为，陶华碧的做法与当下诸多投机现象形成鲜明对比，是中国经济的未来。

当然，批评陶华碧的声音亦不在少数。在这两种声音交锋的背后，其实透露出不同人各自的立场。

为了搞清楚企业上市的利弊，笔者从企业经营的角度来剖析这一中国目前崇尚资本运作的怪现象。该现象如同一面多棱镜，从中能够折射出企业上市语境下的众生相。

“公众股东是贪婪的，他们希望尽早榨干公司的每一滴利润。”

相比沿海及周边兄弟省市，贵州的经济规模小很多。但是在 2019 年，美国对中国输美产品加增关税，剧烈冲突的中美关系成为中国最被关注的一个话题。

由于中美贸易大战的爆发，意外地捧红了来自贵州的两位企业家：一个是华为创始人任正非，另一个是老干妈创始人陶华碧。

二位企业家除了同为土生土长的贵州人和坚持公司不上市两点相同之处，不同的地方数不胜数。例如，华为从事的是高新科技行业，5G 技术已经领先世界两三年；老干妈从事的是炒油肉辣椒，看似没有任何门槛，谁都可以涉足，却因为自己过硬的手艺，老干妈辣椒酱标准近乎行业标准、国家标准。

相比“高大上”“世界任我跑”的任正非，陶华碧则是“矮大紧”，斗大的字不识一升，平日除了炒油肉辣椒，唯一爱好就是搓几圈麻将，同街坊大妈没啥两样。但这天壤之别，并不影响两人都是世界级企业家。对此，有研究者甚至放言，数十年的中美战争，就是贵州与美国的战争。

这种说法虽然有点言过其实，却足以说明，贵州企业家在中国舞台，甚至是世界舞台上的分量。

2018年以来，中美之间爆发了激烈的贸易战争，华为也受到了影响，被美国列入“实体清单”。之后，任正非多次被外媒问及是否接美国第45任总统唐纳德·特朗普的电话，任正非委婉地拒绝了，同时，他也无意将华为纳入中美贸易谈判的筹码。

任正非之所以拒绝特朗普的电话和拒绝将华为纳入中美贸易谈判的筹码，是因为华为已经近乎彻底撤出美国市场。

在接受媒体采访时，当问及特朗普曾提出华为可以作为中美贸易合约当中的一个条件，即任正非是否愿意把华为纳入中美贸易中时，任正非的回答很直接，他认为美国从来就没有买过华为的东西，怎么跟华为谈判？即使美国将来要买华为的产品，华为也不一定卖给他们。任正非说道：“这种情况没有谈判的必要，我会忽略特朗普，到那时，特朗普去跟谁谈判呢？特朗普打电话给我，我可能都不接，但他根本就没有我的电话。我看过他发的推特，实在太可笑了，因为他根本是自相矛盾的。”

但《金融时报》中国新闻主编金奇笑着用中文追问道：

“如果他愿意的话，你愿意接听吗？”

“他愿意打，我听不懂英文啊。”

“可以通过翻译。”

“找翻译的话，他搞房地产的，我搞技术的，我们之间的表达方式可能也不一样。”

……

通过这些对话不难理解，任正非对华盛顿释放出的缓和信号绝对没有半点妥协的意思，即使面对美国总统特朗普，他也毫不畏惧、退缩。

对此，作为贵州籍学者的王志纲撰文称：“日鼓鼓的贵州人与牛哄哄的美国人，在中国的外交史上形成了颇为有趣的对比。这段时间以来，伴随华为事件的迅速发酵，低调了几十年的任正非，终于藏不下去了，走到前台来接受全球媒体的采访，这几段采访视频迅速成为全球瞩目的焦点。”[①]

与华为不同的是，华盛顿无法下令禁止老干妈：一方面，老干妈不会威胁他们的国家安全；另一方面，老干妈几乎成为美国监狱的硬通货。也就是说，至于关税，你特朗普爱加不

① 王志纲：《“盗火者”任正非》，凤凰网财经，2019 年 1 月 27 日。

加，反正都是你美国人买单。

正因为拥有贵州如此“日鼓鼓”的性格，在决策时选的路径也就迥然而异。因此，在面对资本时，不管是陶华碧，还是任正非，都较为慎重。

据英国《每日电讯报》报道称，华为创始人任正非在2014年5月接受媒体采访时明确表示，华为在短期内肯定不会上市。任正非给出的理由是，“资本市场都是贪婪的，从某种程度上来说，不上市成就了华为的成功”。

在任正非看来，一旦上市，由于市场资本持有者的“门口野蛮人”的“贪婪”，无疑将损害华为的中长期发展。任正非坦言：“传统经济学中的大量理论宣称，股东拥有长远视野，他们不会追求短期利益，并且会在未来做出十分合理、有据可循的投资。但是事实上，股东是‘贪婪的’，他们希望尽早榨干公司的每一滴利润。”

这与德国和日本长寿企业的做法惊人一致。当然，媒体批评华为，不上市的一个关键原因是股权结构。查阅华为的内部股权结构发现，任正非只持有1.01%股份，其余都是由公司员工持股。任正非坦言，华为的这种股权结构是其能够赶超业界同行的原因之一，见图1–2。

客观地讲，这样的股权结构并不影响华为上市，或者部分企业上市。也就是说，华为想上市，可以对某一个事业部或者一个分公司进行分拆，直接上市。

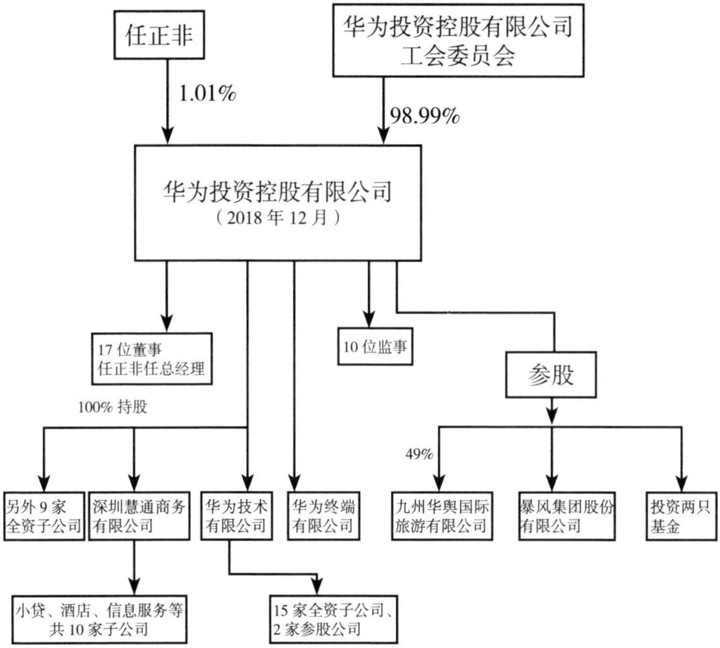

图 1–2　华为股权结构

资料来源：网易新闻，2019 年 4 月 20 日。

问题的关键是，任正非较为抗拒资本，这才是核心原因。任正非认为，股东是“贪婪的”，他们希望尽早榨干公司的利润。这与任正非所倡导的“以客户为中心，以奋斗者为本”的企业文化相悖。任正非说道：“所以，因为公司的拥有者并不‘贪婪’，因此华为也能留在所享受的位置。但是我不可能永远活着，也许有一天华为人也会变得‘贪婪’。这就是华为能够赶超业界同行的原因之一。华为的员工也是公司的所有者，因此他们往往会着眼长远，不会急于套现。”

陶华碧持有与任正非类似的观点。陶华碧认为，上市融资，让陌生人进来入股，会拿走利润。

对此，《环球财经连线》财经评论员叶檀给予了较高评价。叶檀写道："坚守原则绝不妥协，真金白银不糊弄消费者与投资者，当一家企业吝惜向公众出售股权而宁愿自持，一家公司宁愿拒绝领导建议上市的关怀，谁都知道，这意味着最了解公司的内部人士给予公司高估值。这一传统诚信理念，与目前上市成风文化相映成趣，激发出公众发自心底的追捧。"①

当然，陶华碧之所以抗拒上市，是因为在她看来，不管是上市还是融资，主要是企业所有权的社会化。当得到外部资本时，必然要拿出企业的股权作为交换，这是企业所有权交换必然付出的代价。

在这里，我们来看看曾经轰动一时的娃哈哈创始人宗庆后与法国达能集团的诉讼纠纷。

2007年4月3日，《经济参考报》刊发了一篇名为《宗庆后后悔了——合资之初达能于"不经意"中设套，十年之后娃哈哈遭遇强行并购》的文章，引起了企业家、研究者、媒体的广泛关注。这篇文章介绍称，娃哈哈的创办者及掌门人宗庆后，最近遭遇了一件忧心事：法国达能

① 叶檀：《不上市为何赢得掌声》，《商周刊》2014年第11期。

公司最近欲强行以40亿元人民币的低价并购杭州娃哈哈集团有限公司总资产达56亿元、2006年利润达10.4亿元的其他非合资公司51%的股权。[①]

达能此次势在必得的强行并购，让宗庆后忧心忡忡。原因是，一旦达能强行并购成功，中方将丧失对娃哈哈的绝对控股权，意味着宗庆后在这场10多年的“娃哈哈保卫战”中一直执着坚持的中方主动权即将化为泡影，这关乎娃哈哈的品牌和未来。

此刻的宗庆后，凭借一个人的力量与资金和实力雄厚的跨国企业较量，无疑是一次冒险的对决。

在这场纷争中，娃哈哈与达能从合作到反目不过只有10来年时间。回顾当初，娃哈哈与达能联姻曾使不少企业家为之欢欣鼓舞，期待着一桩技术换市场、利润换管理的跨国婚姻能够带给中国饮料行业以新的生机。但是10多年过去之后，两个曾经彼此寄予厚望的合作伙伴却反目成仇，一方以法律诉讼为矛，另一方同样拿起法律的武器，给中国企业界开了一个好头。[②]

尽管宗庆后赢得了诉讼，但是面对曾经来势汹汹的达能，

---

① 张乐、裘立华、王小波：《宗庆后后悔了》，《经济参考报》2007年4月3日。

② 林景新：《娃哈哈：错位博弈》，《中国经济信息》2007年第11期。

回想达能与娃哈哈10多年合作之路，宗庆后无疑对“没有永远的朋友，也没有永远的敌人，只有永远的利益”这句话有了更为深刻的理解。

娃哈哈与达能的合作，最终对簿公堂，这样的实例说明，在融资或者合资的过程中，经营者必须慎重对待，因为资本方一定是贪婪的，一定会榨干企业的利润。这就是陶华碧不融资、不上市的逻辑。

正因为如此，老干妈创始人陶华碧才拒绝上市。持相同观点的还有华为创始人任正非，如果分析华为的内部原因，公开数据资料显示，由于华为的股权不集中，通常企业上市无疑就意味着管理层控制权可能被剥夺，尽管这样的可能性非常小，但是这样的事件屡屡发生，以及持有原始股股东众多，一旦企业上市成功，众多的亿万富翁员工的工作激情就可能丧失。

不可否认，华为不上市最重要的原因，就是华为流动资金雄厚，不缺钱。众所周知，一旦某个企业不缺乏扩张或者运营的资金，也就没有上市的动力。因为一旦企业上市之后，企业的战略决策和投资动向，以及诸多的企业信息必须公开，同时还得接受股东和媒体的监督。当这些企业信息被透明化之后，对一个默默崛起的民营企业而言，显然是不利的。因此，华为上市的时间依然是个未知数。

在如今许多企业家都争着上市的背景下，陶华碧居然拒绝上市，这种“另类”做法使其能够在金融危机中安然度过，同时也让那些财务造假上市、业绩变脸、急着变现的企业家们汗颜，因为在如今的商业时代下，能够拒绝浮躁是一种修炼。

当俏江南创始人张兰被曝光因上市失去辛苦打拼的事业时，侧面证明了陶华碧“不要贷款、不要参股、不融资、不上市”的朴素管理思想的正确性。

“警惕秃鹫投资者，尤其是签订对赌协议，即使侥幸赢了，投资协议将成为现实，一旦输了，将血本无归。”

在“做强”创业企业的过程中，融资始终是一个绕不过去的问题。然而，老干妈创始人陶华碧，通过一手钱、一手货的方式解决了融资问题。

当我们研究老干妈的生存和发展历史发现，陶华碧采取的是稳健战略，慎重地甚至拒绝资本市场和银行的投资，坚持稳扎稳打的发展模式。这类模式算得上中国创业企业的另类，这不仅与其自身的经历有关，更与她的战略有关。

1984 年，对于陶华碧来说，无疑是一个多事的年份，陶华碧的丈夫因为患肺气肿住院了。

虽然陶华碧和她的两个儿子李贵山、李辉悉心守护，但最终也无济于事。丈夫临终前告诉陶华碧，两个尚在少年的儿子今后只能依靠她这个没有工作的妈妈独自抚养成人了。陶华碧的丈夫说：“你要自带饭碗！”

坚强的陶华碧记住了丈夫的托付，在艰难困苦的日子中苦苦支撑着。丈夫去世后，单位每月 30 元的生活补助远不够陶华碧母子三人的日常生活开支。

为了养家糊口，不久之后，陶华碧在地质队驻地附近的贵州省警校校园外摆起了一个小吃摊，主要经营自己最拿手的小吃——米豆腐、凉粉、凉面。历史总是在不经意中让一些人来创造传奇，此刻的陶华碧不知道的是，目不识丁的自己将开创一个自己并不知晓结果的领域——市场神话。

1984 年，改革开放的春风吹进地处深山的贵州。在贵州省的地方法规许可下，第一家外商投资企业落户贵阳市区。陶华碧的主顾们，从市区的这家“开口乐”面包公司买回面包，再要上一两碗早就吃惯了的米豆腐或者凉粉、凉面，吃得津津有味……①

为了生存，陶华碧去外地打工和摆地摊。不过，正是这样的际遇为创办老干妈辣椒酱打下了基础。走出大山的陶华碧不得不面对丈夫去世、同时还要拉扯两个儿子长大的现实。

一家的生活重担都落在陶华碧的肩上。为了维持必需的生计，陶华碧不得不自己磨米粉浆。她每天都干到凌晨一两点，第二天一大早还要去早市摆摊。

后来，陶华碧又挑着担子去学校周围卖凉粉。尽管陶华

---

① 唐福敬、黄莎莎:《有华人的地方就有“老干妈”——陶华碧一家调制的贵州味道》,《当代贵州》2008 年第 24 期。

碧当时的体重只有45公斤，却要挑起100多斤的担子。正是在那时，陶华碧落下肩周炎、关节炎、颈椎病诸多毛病，直至今日，膏药依旧没有间断过。

经过几年的艰苦经营，陶华碧的小摊成为三口之家的生活来源，还在当地响当当，陶华碧的生意越做越好。在这样的情况下，陶华碧开始扩大规模。1989年，陶华碧开始第一次扩大“经营规模”——从摊到店。

其实，这个店仅仅是陶华碧自己和儿子用捡来的半截砖头和废旧油毛毡、石棉瓦搭起的一个简易的仅能够摆下两张小桌的饭店，陶华碧把它叫作“实惠饭店”。为了吸引顾客，陶华碧免费赠送风味豆豉、风味油辣椒、豆腐乳、香辣菜等配餐小菜，“实惠饭店”的生意因此非常红火。

正因为拥有这样的苦难经历，陶华碧对待资本特别慎重。这只是其中之一，另外一个拒绝外来资本的重要原因是，老干妈拥有高效的现金净流入，因此拒绝资本分享老干妈的丰厚利润。另外，在资本的迫使下，改变自身的中长期战略，留下窟窿让自己来填，这或许是陶华碧不愿意接受的。

相比老干妈创始人陶华碧，很多创业者都有自己的盘算。当这些创业企业面对融资渠道时，尤其是作为创业者来说，当极度缺乏资金，急需一笔资金“续命”时，一旦有机构愿意注入一笔救命的资金，往往会欣然接受。

为了得到这笔融资，很多创业者会毫不犹豫地答应资本方的“对赌”，结果不仅被投资者赶出自己辛辛苦苦创建起来的企业，更有甚者背负巨额的债务。对此，新东方联合创始人王强告诫创业者：

年轻的创业者应该警惕那些“秃鹫”一样的投资者。曾经有不少创业者与投资基金签订对赌协议。对于创业者而言，这是最大的陷阱。你可能不明白，你作为创业者永远不可能在这场游戏中获胜。因为如果你赢了，那么投资协议成为现实，如果你输了，那么你血本无归。

我呼吁，一个创业者，尤其是起步时期的创业者，千万不要签署对赌协议。除非，你不热爱你所创立的事业。对赌就是泡沫，就意味着你眼下已有的资源无法达到的目标，而你将被迫必须达到。这是如此的惨烈。

对赌意味着你要做不得不做的事情，一旦失去了经营企业最本质的初心，心态毁于一旦，你就无法回头。在对赌的协议中，创业者面对投资者就像是面对赌场中的庄家，赢的概率早就被算好了。①

如今的王强，作为真格基金创始合伙人，经历了新东方的上市，以及众多的投资，其观点相对客观和理性。

① 王强：《撕开资本的傲慢创业者千万不要签对赌协议》，《福布斯中国》2015 年第 3 期。

查阅最近几年的相关诉讼案件发现，法院对此类案件的判决结果也证明了王强的观点。当创业者对赌失诺后，上市企业的胜诉率居然高达 100%，即使是 PE（Private Equity，私募股权投资），或者 VC（Venture Capital，风险投资），胜诉率亦超过了 97%。这样的数据足以说明，资本方在与创业者对赌的游戏中，创业者几乎没有任何胜算。

作为老干妈的经营者，陶华碧虽然没有系统研究过上市、风险投资等融资渠道理论，却从经营的角度真正地看懂了经营中融资的本质——“融资，只不过是些骗人的把戏”。

与陶华碧不同的是，俏江南创始人张兰却因为“对赌”，无奈地被踢出局。

2015 年 4 月 20 日，外媒爆出一个重磅消息称，作为俏江南创始人的张兰，其个人资产已遭冻结。

媒体报道这条消息后，来自世界各地的媒体就此事纷纷向当事人张兰核实。张兰却表示，自己并不知道此事。

在俏江南的负面报道中，张兰“不知道”的回答在有关俏江南的种种传闻中已经发生多次。

2013 年，就有媒体报道称，俏江南将向 CVC（CVC Capital Partners，简称 CVC）出售股权，此刻已经进入实质性阶段。2014 年，当 CVC 以 3 亿美元收购俏江南约

83%股权的消息被媒体披露后，虽然作为公司主席、股东之一的张兰继续留任俏江南，但是当接受媒体采访时，她却当即否认，称“半点儿都不属实”。

对于此次出售股权给CVC，俏江南官方更是屡屡语焉不详。张兰曾公开对媒体表示，传言不属实，也曾回复媒体记者的短信称“不是事实”，“都没具体意向，但俏江南品牌我一定会发扬光大，并做成世界级品牌，百年老店，这是我一生追求与梦想”。[①]

当再次爆出俏江南创始人张兰个人资产遭遇冻结的信息时，媒体由此推断与收购俏江南的CVC有关。

该事件的导火线是，中国香港法院要求冻结俏江南集团创始人张兰的资产，冻结的理由是2013年CVC并购俏江南支付的入股资金去向不明。[②]

回顾俏江南的融资之路发现，2008年，俏江南就曾向鼎晖出售俏江南10.53%的股权，价格是2亿元，同时鼎晖与张兰签订了一个对赌协议——张兰在获得融资时承诺，俏江南将在2012年12月31日之前成功上市，否则张兰将承担对赌失诺的后果——回购。

---

① 桂小笋:《鼎晖悄然退出俏江南控股权之变未影响张兰位子》,《证券日报》2014年4月30日。

② 王思语:《俏江南做成了“俏江难”恐张兰董事长地位不稳》,《华西都市报》2015年4月8日。

为了上市，此后的俏江南开始加大马力奔向交易所。于是，俏江南向A股递交IPO申请。

其后，中国证券监督管理委员会质疑餐饮行业自身的发展前景，且俏江南递交的上市材料已经超过有效期。就这样，俏江南奔向A股IPO之路就此为止，见图1–3。

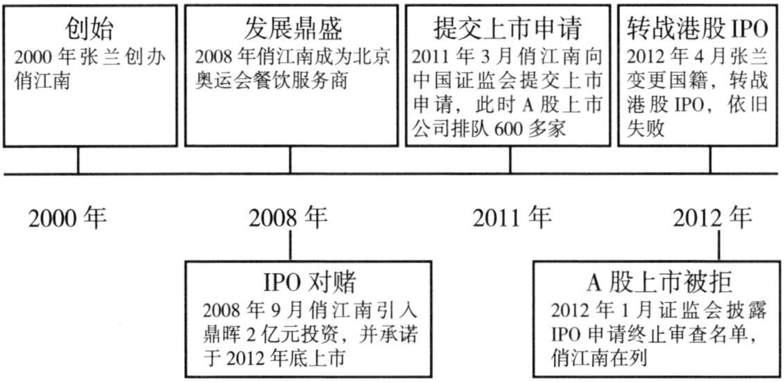

图1–3　俏江南的发展和融资历程

资料来源：邱琳：《900次对赌纠纷，创业者无一胜诉，他们错在了这9个地方》，搜狐网，2019年6月24日。

其后，俏江南寻求在港交所上市，但是依旧困难重重。在上市遭遇棘手问题时，尤其是俏江南在上市失败后，不得不面对鼎晖提出的回购退出的要求。

于是，鼎晖转手把俏江南的股权出售给CVC。2014年4月，CVC宣布，以3亿美元（约合人民币18.2亿元）的价格并购张兰旗下的俏江南餐饮连锁企业83%的股份。

正是因为CVC的介入，让张兰陷入与CVC的纠纷中。当然，学者评价此次纠纷时坦言："这次CVC先发制人，主要是为了防止张兰私自转让公司资产，保证最后清算时资金的安全性。"[①]

回顾张兰的融资路径发现，当她在向鼎晖出售股权时，已经为自己的出局埋下祸根。原因是，中央的八项规定让高端餐饮行业的业绩全面下滑，业绩乏力的俏江南由此多次冲击上市失败。此刻的俏江南已经无力回购因为对赌失败向鼎晖出售的股份了。其后，张兰就这样连环触发对赌协议里的一系列死亡条款，终将自己踢出局，见图1-4。[②]

对于张兰的融资教训，北京市隆安律师事务所高级合伙人邱琳撰文分析：

回到张兰案，回到领售权。简单说，领售权就是投资人为顺利退出而享有的，能够决定出售目标公司的权

① 王思语：《俏江南做成了"俏江难"恐张兰董事长地位不稳》，《华西都市报》2015年4月8日。

② 邱琳：《900次对赌纠纷，创业者无一胜诉，他们错在了这9个地方》，搜狐网，2019年6月24日。

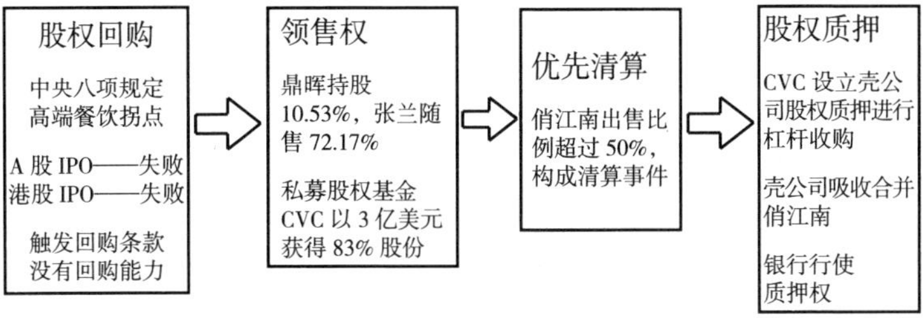

图 1–4　“对赌协议”里的死亡条款

利。鼎晖投资只占有不到 11% 的股份，当俏江南 IPO 失败之后，鼎晖最佳退出路径就是寻找接盘侠，尽早出清手里的股份，但接盘侠大多是需要获取目标公司控制权的。所以，当张兰自己资金实力不足以回购的时候，就只能任由鼎晖投资行使领售权，为俏江南寻找买家了。也就是说，当鼎晖为俏江南找来买家私募巨头 CVC 的时候，鼎晖投资与 CVC 达成了股权的交易条件和交易价格，并有权要求创始股东张兰按照同样的条件和价格把手里的股权也出售给 CVC，而张兰只能同意，这就是领售权！①

在邱琳律师看来，张兰的出局，是因为其疏忽所致。其理由是，“如果她了解领售权，即便投资时谈判不成必须加入领售权，她也可以添加自己的条款，去限制投资人的领

① 邱琳：《900 次对赌纠纷，创业者无一胜诉，他们错在了这 9 个地方》，搜狐网，2019 年 6 月 24 日。

售权”[1]。

“小马奔腾的对赌涟漪，遗孀金燕2亿元债务不过是创业者和资本对决一曲曲终人散的悲歌”

正当一部分投资机构批评陶华碧“不要贷款、不要参股、不融资、不上市”时，在他们看来，似乎不要贷款、不要参股、不融资、不上市，就不能把企业经营好。

然而，一则报道让这些批评者失去了底气。其中，《北京青年报》以“小马奔腾创始人遗孀被判赔2亿元债向北京高院上诉”为题报道了此次事件的来龙去脉。

根据媒体的披露，已故小马奔腾创始人李明遗孀金燕之所以会卷入这场旷日持久的纷争中，是因为小马奔腾创始人李明引入建银国际文化产业股权投资基金时，与建银国际文化签订了“对赌协议”。按照“对赌协议”，李明、李萍和李莉三兄妹，需要共同承担6.35亿元的债务。

2018年1月8日，可能令李明没有想到，甚至让金燕也没有想到的是，金燕就这样以一种如此尴尬的方式进入了公众视野。

由于创始人李明突然离世，金燕自然就替代李明成为被负债人，金额高达2亿元。因为按照当初的对赌约定，一旦小

---

① 邱琳：《900次对赌纠纷，创业者无一胜诉，他们错在了这9个地方》，搜狐网，2019年6月24日。

马奔腾不能按时上市，或者上市失利，小马奔腾需要回购建银文化的股权，以及4.5亿元的投资款项和2亿元利息，共计6.5亿元。[①]

据《北京青年报》的披露，小马奔腾及作为实际控制人的李萍、李莉、李明与建银文化还签署了一份《投资补充协议》，其中约定：若小马奔腾未能在2013年12月31日之前实现合规上市，则投资方建银文化有权在2013年12月31日后的任何时间，要求其任何一方一次性收购建银文化所持有的小马奔腾的股权。同时还约定，建银文化要求其共同或者任一方收购的，应发出书面通知，其不得以任何理由拒绝履行收购义务，但其可以自身名义或其指定的第三方实施收购。[②]

由于李明的意外去世，建银文化自然将继承了李明遗产的亲属们告上了仲裁庭。2014年11月18日，裁决结果是要求李莉（李明姐姐）、李萍（李明妹妹）、金燕及其他李明遗产继承人履行股份回购义务，一次性收购建银文化持有的小马奔腾公司的全部股份，支付股权转让款6.35亿元。[③]

由于金额巨大，李莉、李萍无力支付。2017年10月2

① 刘慎良：《小马奔腾创始人遗孀被判赔2亿债向北京高院上诉》，《北京青年报》2018年1月9日。

② 刘慎良：《小马奔腾创始人遗孀被判赔2亿债向北京高院上诉》，《北京青年报》2018年1月9日。

③ 刘慎良：《小马奔腾创始人遗孀被判赔2亿债向北京高院上诉》，《北京青年报》2018年1月9日。

日，李莉、李萍持有的小马奔腾控股权被拍卖，金额为 1.55 亿元。

至于其余的债务，在 2017 年 9 月最近的一次判决中，北京一中院判定为夫妻“共同债务”，金燕有偿还义务。其依据是《中华人民共和国婚姻法》第二十四条：“债权人就婚姻关系存续期间夫妻一方以个人名义所负债务主张权利的，应按夫妻共同债务处理。”

金燕此前通过遗产继承权，继承了李明 100 多万元的遗产和合计约 8% 的小马奔腾股权。由于李明去世，小马奔腾的股权价值大幅缩水，金燕同样无力支付这笔 2 亿元的巨债。同时，金燕回忆道：“李明创办、经营小马奔腾时，我并未在小马奔腾担任职务，这么多年自己一直在经营一家餐馆，小马奔腾融到的资金也投入了公司滚动发展，并没有拿到家里用，现在李明去世，凭什么要我来承担这笔过亿的巨债？”

对于 2 亿元的债务，金燕在接受媒体采访时说：“直到被推到董事长兼总经理的位置，我才知道了‘对赌协议’的存在。当年的‘对赌协议’，我没有签字，巨额的投资款项，也没有用于夫妻共同生活，我甚至都没有持有过小马奔腾的股权，这一切为什么要我来承担？”

关于小马奔腾的投资协议，律师认为，这要看配偶在投资协议中有没有签字。如果没有签字，因投资协议而产生的债务，一般不应视为夫妻共同债务。

金燕在接受媒体采访时称，当时她完全没有参与过小马奔腾的经营，更谈不上在投资协议上签字。金燕说道："我坚持，不仅是为我自己，也为了不能让这种不公判决成为先例！"

在各方争论下，2018 年 1 月 17 日，最高人民法院发布了《关于审理涉及夫妻债务纠纷案件适用法律有关问题的解释》（以下简称《解释》），内容如下：

为正确审理涉及夫妻债务纠纷案件，平等保护各方当事人合法权益，根据《中华人民共和国民法总则》《中华人民共和国婚姻法》《中华人民共和国合同法》《中华人民共和国民事诉讼法》等法律规定，制定本解释。

第一条　夫妻双方共同签字或者夫妻一方事后追认等共同意思表示所负的债务，应当认定为夫妻共同债务。

第二条　夫妻一方在婚姻关系存续期间以个人名义为家庭日常生活需要所负的债务，债权人以属于夫妻共同债务为由主张权利的，人民法院应予支持。

第三条　夫妻一方在婚姻关系存续期间以个人名义超出家庭日常生活需要所负的债务，债权人以属于夫妻共同债务为由主张权利的，人民法院不予支持，但债权人能够证明该债务用于夫妻共同生活、共同生产经营或者基于夫妻双方共同意思表示的除外。

第四条 本解释自2018年1月18日起施行。

本解释施行后，最高人民法院此前作出的相关司法解释与本解释相抵触的，以本解释为准。[①]

按照《解释》第一条的"共债共签"原则，金燕没有在对赌协议上签字，是李明以个人名义签署的。金燕曾说："完全没有参与过小马奔腾的事情，更谈不上在投资协议上签字。"按照这样的逻辑，金燕就没有承担债务的义务。

按照《解释》第三条的内容来分析，在对赌协议中导致的债务，明显属于"以个人名义超出家庭日常生活需要所负的债务"，一旦建银文化无法证明债务用于夫妻共同生活或者共同生产经营，或者债务的负担系基于夫妻双方共同的意思表示，同样不能认定对赌协议带来的债务为金燕和李明二人的夫妻共同债务。[②]

在多篇文章中，笔者都告诫过创业者在融资时必须慎重，不然类似的事件依然会再次发生。与张兰出局俏江南比起来，小马奔腾在与资本对决时，或许更加残酷。

小马奔腾，是一家影视行业明星公司，创建于20世纪90

① 《最高人民法院关于审理涉及夫妻债务纠纷案件适用法律有关问题的解释》，最高人民法院官网，2018年1月17日。

② 单晓语：《最高法"解释"出台，小马奔腾创始人遗孀金燕的2亿欠款有救了》，搜狐网，2018年1月18日。

年代，主要业务是广告。由于赶上了中国影视投资的春天，仅 Per-A 轮融资就达到了 4000 万美元，估值高达 2 亿美元；A 轮由建银文化基金领投，估值高达 30 亿元；华谊兄弟曾打算并购小马奔腾，当时的估值高达 54 亿元。

这些数据足以说明小马奔腾的价值。有媒体报道称，即使在李明意外去世后，华人文化基金也开出 36 亿元的估值接盘，最终因价格分歧而放弃。其后华数传媒开价 30 亿元并购小马奔腾，由于股东意见不统一，此次并购也没有成功。

在中国诸多创业企业融资中，小马奔腾的融资案例，浓缩了无尽的繁华与落寞。而此次让创业者家属背负的 2 亿元债务的对赌，更是“一石激起千层浪”。

此次事件引发的小马奔腾的对赌涟漪，遗孀金燕 2 亿元债务不过是创业者和资本对决一曲曲终人散的悲歌，我相信，这绝不是唯一一个，更不是最后一个。

这样的纷争，或许李明在签署对赌时并没有考虑到如此严重的后果。这样的案例足以提醒中国数以万计的创业者，在融资过程中，拒绝任何让家属背负巨额债务的对赌要求，宁愿不要这样的融资，宁愿缓慢一些，也必须避免家属担负巨额债务的风险。

“上市那是欺骗人家的钱，有钱你就拿，把钱圈了，喊他来入股，到时候把钱吸走了，我来还债，我才不干呢。”

在陶华碧看来，企业上市不过是“圈”股民的钱，一些投资机构不过是一些秃鹫，上市后把股份卖掉，最终把一地鸡毛留给企业经营者。这足以说明，非常清醒的陶华碧，并没有因为投资机构的忽悠而上当。

当然，陶华碧的言论也激起很多投资机构的反驳。某投资机构声称，企业上市更重要的作用，是规范管理、融资并购，将产业做大、做强等，还特地拿美国高科技巨头、中国优秀企业上市来证明，甚至还很难理解陶华碧所说的“别人将钱吸走，我来还债”这个说法。

这些投资机构只是把好的讲给企业家听，却不敢说私募股权投资来赚钱，最后留下一地鸡毛的目的。其实，私募股权投资帮助企业成长壮大也是为了更好地摘果子，它们并不是活雷锋，全然不提上市圈钱的事实。华为是另一个被拿来抨击资本市场的案例，任正非认为一旦上市股东们就会套现走人，没办法同舟共济。

“我坚决不上市，一上市，就可能倾家荡产”的做法值得中小企业借鉴

在资本为王的时代，遍地都是某某企业上市的新闻。例如，拼多多花了 3 年时间，于 2018 年 7 月 26 日成功在美国纳斯达克上市。其发行价 19 美元，总市值达 240 亿美元。

在旗手拼多多的鼓与呼中，瑞幸咖啡打破了拼多多的上市纪录，在短短不到两年的时间，成功地在纳斯达克上市。2019 年 5 月 17 日，瑞幸咖啡成功登陆纳斯达克，发行 3300 万份美国存托股份，每份定价 17 美元，承销商行使超额配售权后，加上同步私募配售 5000 万美元，共募集资金 6.95 亿美元，市值达 42.5 亿美元。①

根据瑞幸咖啡的招股书显示，2019 年一季度营收为 4.79 亿元，同比增 35.94%，净亏损 5.52 亿元。2018 年，瑞幸咖啡营收为 8.41 亿元，净亏损 16.19 亿元。②

这组数据显示，瑞幸咖啡 1 年半时间就烧掉了 22 亿元，平均每天亏损高达 400 万元。从媒体披露的数据来看，2018 年，瑞幸销售咖啡及其他产品总数共计 9000 万杯。基于此，在 2018 年，瑞幸每销售 1 杯咖啡或其他产品，其亏损的金额

---

① 陈维城：《瑞幸咖啡登陆纳斯达克募资 6.95 亿美元》，《新京报》2019 年 5 月 17 日。

② 《瑞幸咖啡上市招股书》，原创力文档，2019 年 10 月 27 日。

就高达 18 元。按照 2018 年的营业收入计算，单杯咖啡的收入为 9.34 元，近乎销售 1 杯就亏 2 杯。

在这“乱花渐欲迷人眼”的背后，却是一场较为疯狂的“资本游戏”。查阅瑞幸的融资过程，瑞幸四轮的融资总额超过 5.5 亿美元，见表 1–5。①

表 1–5　瑞幸的四轮融资

轮次	时间	融资金额
第一轮	2018 年 4 月	瑞幸获得天使轮融资，资金为数千万元
第二轮	2018 年 7 月	瑞幸获得 A 轮融资，融资 2 亿美元，估值 10 亿美元
第三轮	2018 年 12 月	瑞幸获得 B 轮融资，融资 2 亿美元，估值 22 亿美元
第四轮	2019 年 4 月	瑞幸获得 B+ 轮融资，融资 1.5 亿美元，估值 29 亿美元

当拼多多和瑞幸咖啡成功上市的新闻如火如荼地进行时，陶华碧在接受媒体采访时却依旧坚持自己“不要贷款、不要参股、不融资、不上市”的“四不”观点。陶华碧说道：

> 我坚决不上市，一上市，就可能倾家荡产。上市那是欺骗人家的钱，有钱你就拿，把钱圈了，喊他来入股，到时候把钱吸走了，我来还债，我才不干呢。

① 陈维城：《瑞幸咖啡登陆纳斯达克募资 6.95 亿美元》，《新京报》2019 年 5 月 17 日。

陶华碧的话虽然不中听，却直击要害。原因是，很多企业上市就是为了“圈钱”，甚至成功上市后，肆意地改变上市融资的用途；更有甚者，彻底地摈弃了把上市作为提升企业规范管理、融资并购，做大、做强企业的初衷。

根据《财新周刊》的报道，2012 年 4 月，汉王科技发布公告称，汉王科技改变了部分募投项目，把原计划用于全国营销平台综合体系建设的 2400 万元资金，购买位于南京的房地产。

据公开的数据显示，汉王科技并不是唯一一个将募集资金用途变更的上市公司。根据《财新周刊》的统计，“近半年以来，已有数十家上市公司发布变更募集资金投资项目公告，有一些用途变更较大”[①]。

根据《财新周刊》的报道，其中 8 个案例就较为典型，见表 1–6：

表 1–6　上市公司变更募资用途的实例

日期	上市公司	原募投项目	变更项目或者用途	涉及金额（亿元）
2012 年 3 月 24 日	汉王科技	全国营销平台综合体系建设	在南京购建汉王南方研发中心基地大厦	0.24
2011 年 11 月 30 日	中国建筑	购置施工机械设备、哈大线项目等	昆明市龙江片区保障性住房等 15 个工程承包项目的营运资金	36

① 张焕平：《上市公司募集资金用途变更较大的 8 个例子》，《财经周刊》2012 年第 4 期。

续表

日期	上市公司	原募投项目	变更项目或者用途	涉及金额（亿元）
2011年11月24日	辉丰股份	农药基层营销网络建设项目	上海营销中心建设	0.61
		1000吨/年辛酰溴苯胺原药产品项目	GLP实验室建设	0.58
2011年11月15日	浙江龙盛	年产19929吨甲基苯胺系列产品项目	补充公司流动资金	1.09
2011年10月25日	蓝丰生化	年产500吨PPDIH和1000吨PTSI项目	补充流动资金	0.85
2011年8月25日	金鹰股份	张家口50000锭麻棉混纺及15000锭亚麻棉、嵊州5000锭亚麻棉	补充公司流动资金	0.48
2011年8月24日	长高集团	有色金属特种铸造项目	增资并收购湖南天鹰高压开关电器有限公司股权	0.44
2011年8月9日	诺普信	西南环保型农药制剂生产基地项目	AK营销网络扩建项目	1.86

在这份名单中，中国建筑变更的资金金额最大，达36亿元；第二是诺普信，变更的金额达到1.86亿元；第三是辉丰股份，变更的金额达到1.19亿元；第四是浙江龙盛，变更资金达到1.09亿元。

从表1-6中可以看到，浙江龙盛、蓝丰生化、金鹰股份把所列募投项目的资金变更为补充公司的流动资金，其中浙江龙盛、蓝丰生化的募投项目均尚未实施就已终止。据公告披露，变更募投项目的原因包括技术或市场环境发生变化、项目用地规划调整等。虽然变更募投项目内容或资金用途与经济环境以及行业发展的变化有关，但也显示了部分公司前期对募投项目论证不够缜密、战略规划不清。[①]

这样的数据间接地证明了陶华碧所说“别人将钱吸走，我来还债”的事实。在现实的企业融资中，私募股权投资可谓占了大便宜，最后留下一个烂摊子，让创业者自己去收拾。更有甚者，投资机构将创始人赶出企业。

可以说，陶华碧的“我坚决不上市，一上市，就可能倾家荡产”的做法值得中小企业借鉴。华为创始人任正非就抨击过资本市场。在任正非看来，一旦企业上市，股东们就会套现走人，没办法同舟共济。如有的公司高管宁可辞职也要及时套现，阿里巴巴和谷歌上市之后都出现员工离职潮。为什么企业一上市，很多员工不是觉得工作太苦想休息一下，就是想自己创业？这样的风险无疑会阻止企业的继续发展。

另外，企业上市也不过是纸面财富，并非真正的货币。前首富李河君的案例就说明这一切。股价的不稳定性，同样会影响创始人的身家。这些“秘密”，那些鼓吹企业上市好处的投资机构自然不会提及。

---

① 张焕平：《上市公司募集资金用途变更较大的 8 个例子》，《财经周刊》2012 年第 4 期。

“上市 = 圈钱”的偏见却不“偏见”

针对老干妈是否上市的问题中国的诸多企业家依旧争论不休。作为创始人的陶华碧，始终保持着较为清醒的认识。陶华碧说道：

> 我坚决不上市；一上市，就可能倾家荡产。上市是欺骗人家的钱，有钱你就拿，把钱圈了，喊他来入股，到时候把钱吸走，我来还债，我才不干呢。所以一有政府人员跟我谈上市，我跟他说：谈都不要谈！你问我要钱，我没得，要命一条。①

媒体披露了陶华碧的观点，不少机构投资者对此冷嘲热讽，甚至批评。有的学者甚至撰文称：“看不懂这段话啊，谁把钱吸走，为什么要还债？”

虽然机构投资者和学者批评甚多，但是陶华碧不为所动，依旧坚守自己的观点。作为研究者的笔者却支持陶华碧，原因是，不管陶华碧带有何种“上市 = 圈钱”的偏见，但是她能够抵住资本市场泡沫的诱惑，甚至是忽悠，依然坚持做好自己的主业，稳健地发展，这点是值得肯定的。

---

① 张晓荣：《老干妈创始人陶华碧现身澄清，坚称不融资不上市》，《新京报》2018 年 11 月 19 日。

如果企业家过于把资本经营作为企业经营的重点，这样的做法就很危险。一旦某个“灰犀牛事件”发生，那么企业家经营的企业必然会大厦将倾。例如，最近引爆的“罗静刑事拘留”事件就是很好的例子。

2019年7月5日，江苏博信投资控股股份有限公司（博信股份）发布临时公告称，博信股份公司实控人罗静被刑拘。内容如下：

江苏博信投资控股股份有限公司（以下简称“公司”）于2019年7月5日收到《上海市公安局杨浦分局拘留证》获悉，公司实际控制人兼董事长罗静女士，董事兼财务总监姜绍阳先生分别于2019年6月20日、2019年6月25日被上海市公安局杨浦分局刑事拘留，相关事项尚待公安机关进一步调查。

目前，公司日常经营运作正常，公司管理层将会加强企业管理，确保公司经营活动的正常进行。同时，公司将制定相应工作管理办法及应急预案，强化部门领导责任制，以确保公司稳定、保障员工利益及各项经营活动正常进行。

公司将持续关注上述事项的进展情况，并严格按照有关法律、法规的规定和要求，及时履行信息披露义务。公司指定信息披露媒体为《上海证券报》《中国证券报》《证券时报》《证券日报》及上海证券交易所网站，公司发布的信息均以在上述指定媒体披露的信息为准，敬请广大投资者理性投资，并注意投资风险。

特此公告。

江苏博信投资控股股份有限公司董事会

2019年7月5日[①]

据了解，罗静是承兴国际集团董事长，连续3年评为“商界木兰”，甚至在2018年，罗静的支持率竟然力压格力电器董事长董明珠。

罗静之所以力压董明珠，是因为她构筑了一个横跨大健康、泛娱乐和智能硬件的资本帝国。除博信股份外，其旗下还拥有香港主板上市公司承兴国际控股（02662.HK）和新加坡主板上市公司 Camsing Healthcare（BAC）。[②]

1996年，罗静大学毕业后，放弃之前从事销售工作的想法，毅然地选择创业，在中国香港特别行政区创办

① 《江苏博信投资控股股份有限公司关于公司实际控制人兼董事长、财务总监被刑事拘留的公告》，江苏博信投资控股股份有限公司官网，2019年7月5日。

② 郭鑫、何小桃：《又爆一个大雷！商界女精英罗静被拘，坐拥3家上市公司》，《每日经济新闻》2019年7月5日。

承兴国际集团。

在创业中，罗静先后与百事可乐和宝洁合作，为其生产、销售毛巾、杯子等促销品。其后，罗静放弃代工，开始主营品牌营销，果断地购买了“变形金刚”“功夫熊猫”“猫和老鼠”等IP在华衍生品的授权和开发权。截至2015年，承兴国际集团的年销售收入已经超过60亿元。

2017年，罗静并购“漫威之父”斯坦·李（Stan Lee）创办的“POW!”娱乐公司，由此获得斯坦·李很多未开发的独家版权，承兴国际控股股价由此暴涨60%。

在2015年11月前，罗静没有控股一家上市公司。研究发现，2015年11月~2017年6月，罗静才涉足资本市场，在新加坡并购Jacks International（即Camsing Healthcare）、在香港并购奕达国际（即承兴国际控股）和A股并购博信股份公司，分别耗时2个多月、3个月和3个月，由此打开资本的潘多拉魔盒。罗静的神速并购让媒体和研究者好奇不已。

然而，超出罗静意料的是，罗静构筑的资本帝国遭遇了40年一遇的全球经济下滑。回顾2019年初的集团年会，罗静坦言资本帝国的现状——“步步艰难，步步惊心”。

这样的描述是准确的。虽然过去的2018年如履破冰，但是已经走过。心有戚戚焉的罗静，隐隐地感到资本帝国的危局，却没有想到在短短3个月后资本帝国分崩离析。

之所以记得罗静，是因为我曾看过她接受中央电视台的采访。至于她何时最后一次从公众视线中消失，我也说不上来。媒体披露的信息是，2019年4月，罗静参加“第十一届商界木兰年会”，这是罗静第三次入围“30位最具影响力的商界女性”。

然而，短短3个月，时局的变化让罗静措手不及。2019年7月5日，博信股份公司发布公告称，2019年6月20日和25日，上海市公安局杨浦分局刑事拘留了公司董事长兼实际控制人罗静和财务总监姜绍阳。

其后，苏州中院和上海杨浦公安分局司法冻结和轮候冻结了博信股份公司控股的苏州晟隽营销管理有限公司（以下简称苏州晟隽）所持全部65300094股股份（占公司总股本的28.39%），具体原因没有公开。如今看来，罗静的话倒是一语成谶。

与罗静一同被刑事拘留的还有博信股份公司财务总监姜绍阳。如此信息自然让我们质疑该公司的财务问题。

根据“江苏博信投资控股股份有限公司2018年年度报告”显示，立信会计师事务所出具了带保留意见的审计报告。

在这份年报中，保留意见涉及两个问题：第一，博信股份公司计提 3 个公司的应收账款的大额坏账准备；第二，博信股份公司将 2018 年 9 月已经确认的营业收入调整为预收账款。这两个问题正是围绕罗静入主后设立的智能硬件代销子公司博信智通展开。

2018 年 12 月 22 日，据《博信股份关于全资子公司博信智通应收账款不能按期收回的风险提示性公告》宣称，博信智通报告期内与天津市吉盛源通讯器材有限公司（以下简称吉盛源）订立了购销合同，但截至公告发布，公司对吉盛源有 11891.68 万元应收账款已经逾期，且存在无法收回的风险，公司正在积极催款。[1]

按照惯例，这只不过是一个较为普通的坏账问题。然而，博信股份公司却为此专门召开董事会。会上，解聘了担任总经理不到一年的吕志虎。辞退吕志虎的理由，是其任职期间“在相关工作处理上存在一定失职行为，可能会给公司造成一定损失”。

其后，博信股份公司陆续宣称，吉盛源还款 6000 万元，只不过是分为三次还款。博信股份公司甚至发布了一份业绩预增公告，预计对吉盛源剩余应收账款计提坏账准备金额 217 万元至 1207 万元，由此公司将实现归母

① 唐郡：《“被刑拘”女富豪资本末路：风头一度盖过董明珠大玩财技被抓》，凤凰网财经，2019 年 7 月 9 日。

净利润543万元至1285万元。[①]

审计机构显然不会接受这样的结论。2019年4月26日，博信股份公司不得不发布了业绩预告更正公告。

公告称，审计机构审计发现，来自吉盛源的6000万元还款资金，不过是厦门市恒创瀚浩电子科技有限公司（以下简称厦门瀚浩）的借款。厦门瀚浩竟然是公司控股股东苏州晟隽实质上的关联方。鉴于此，上述6000万元的款项由此被认定为不具备应收账款还款的经济实质，仅仅只是关联方借款。

按照此结论，作为关联方借款的还有，博信智通曾收到厦门瀚浩代天顺久恒支付的货款860.00万元和厦门瀚浩代航思科技支付的货款2020.00万元。

当"应收账款"的利润上调伎俩被拆穿后，博信股份公司不得不对上述应收账款计提大额坏账准备金，共计达到7636.74万元；随后又借口内部控制流程和单证不够完善，要将2018年第三季度已经确认的营业收入、营业成本、净利润及相关税金和费用调减，同时调增3.20亿元预收账款和3.12亿元预付款项。[②]

① 《江苏博信投资控股股份有限公司关于2018年度业绩预告的说明》，《证券日报》2019年1月29日。

② 博信股份关于全资子公司博信智通应收账款不能按期收回的风险提示性公告，见江苏博信投资控股股份有限公司官网。

面对如此问题，审计机构不得不如实地填写“保留意见”。

博信股份公司的问题，不仅在应收账款问题上，同时存在其费用问题。2017 年，博信股份公司的费用为 1329 万元，2018 年达到 4570 万元，涨幅高达 257.89%。

最终，上市公司 2018 年实现营业收入 15.66 亿元，同比增长超 16 倍，归母净利润却亏损 5244.70 万元，为 2013 年以来首次亏损。

另外，审计机构对博信股份公司 2018 年度的内部控制情况出具了否定意见。年报显示，博信智通和博信智联部分销售业务相关内部控制存在重大缺陷，博信股份公司与关联方及关联交易的识别和披露相关的内部控制存在重大缺陷，与之相关的财务报告内部控制运行失效。①

1. 公司全资子公司博信智通（苏州）科技有限公司和博信智联（苏州）科技有限公司的部分销售业务相关内部控制存在重大缺陷，影响营业收入及营业成本确认的准确性、往来款项及存货等财务报表项目的计价，与之相关的财务报告内部控制运行失效。

2. 公司与关联方及关联交易的识别和披露相关的内部控制存在重大缺陷，无法保证关联方及关联方交易被

① 江苏博信投资控股股份有限公司 2018 年度内部控制评价报告，见江苏博信投资控股股份有限公司官网。

及时识别，并履行相关的审批和披露事宜，影响财务报告中关联方及关联方交易信息披露的完整性和准确性，与之相关的财务报告内部控制运行失效。

3. 公司全资子公司博信智通（苏州）科技有限公司管理层，在博信智通（苏州）科技有限公司2018年6月对天津市吉盛源通讯器材有限公司销售的交易中，面对重大经营风险，未履行适当的内部决策程序，导致博信股份公司遭受经济损失。①

罗静的资本故事目前已经尘埃落定。当她被刑拘的消息确认后，港股承兴国际控股股价已下跌超过80%。这意味着罗静花费几年构建的企业，转瞬就分崩离析了。

虽然如此，中国商界的“罗静”正在前仆后继地开始在资本市场书写自己的故事。他们的故事可能绚烂而又美丽，也可能充满血腥与未知的结局。

上市公司“圈钱”的战略逻辑

企业上市到底能不能圈钱？答案是能。关于企业上市圈钱的问题，学者周科竞曾在《上市公司圈钱不能太无耻》一文中写道：“以往上市公司圈钱，多采用增发、配股，直接让投

① 《江苏博信投资控股股份有限公司2018 年年度报告》，江苏博信投资控股股份有限公司官网，2019年4月30日。

资者掏钱认购，以实现圈钱的目的。现在上市公司圈钱则选择向特定投资者定向增发，这样的好处是，发行难度明显降低，还假装没圈投资者的钱。但是，其价格却较二级市场有较大的折扣，然后等到增发股解禁后再由认购者卖给二级市场，如此，圈钱、骗钱两不误，可怜的还是中小投资者，最终按照市价消化了增发股票，上市公司资本公积金也没有得到应有的提高。”①

2015 年 6 月，中国股市一路飘升，沪指突破 5000 点大关。在上市公司股价大涨的同时，引发大股东的减持潮，加上增发价格的提高，掀起上市公司的一阵阵定向增发风。

在 2015 年的夏季，不管是缺钱的还是不缺钱的上市公司，都在有条不紊地推出自己的定向增发计划，募集的金额也相对较大，甚至有很多上市企业“吹响”加码主业的“集结号”，变相地向市场要钱。这表面上是由参与定增的认购方提供资金，事实上最终是中小投资者为此买单。

所谓定向增发，指的是上市公司向符合条件的少数特定投资者非公开发行股份的行为，规定要求发行对象不得超过 10 人，发行价不得低于公告前 20 个交易市价的 90%，发行股份 12 个月内（认购后变成控股股东或拥有实际控制权的 36 个月内）不得转让。

① 周科竞：《上市公司圈钱不能太无耻》，《北京商报》2011 年 5 月 20 日。

可以肯定地说，定向增发也成了上市企业在首次公开发行之后再融资的主要方式。在此之前，该手段本是个别上市公司为了融资需求偶然推出的定增计划，但由于当时出现上市企业集体推定增的风潮，其“圈钱”的意图较为明显。

在此轮定增的风潮中，在不缺钱的券商和银行等都纷纷摇旗呐喊定增的引领下，那些本来就缺钱的上市企业此刻更是向市场伸手要钱的最佳时机，如经销珠宝翡翠的东方金钰企业就打算以定增的形式募集资金 80 亿元；绍兴黄酒企业会稽山拟定增募集资金 18 亿元；大东方拟定增募集资金 11 亿元；金鹰股份拟定增募集资金 15 亿元……

上述这些以定增方式向市场伸手要钱的企业中，有的表示将定增募集的资金用于补充公司流动资金，而大多数企业是把定增募集的资金用于加码主业，或是拓展其他领域。

认真地分析这些企业的募集资金用途后最终会发现，圈钱才是此次定增的主要目的。如东方金钰公司，拟募集 80 亿元资金，其中 22 亿元用于设立深圳市东方金钰小额贷款有限公司，对深圳市鼎泰典当行有限公司增资 26 亿元，5 亿元用于设立云南东方金钰资本管理有限公司，17.65 亿元偿还金融机构贷款，9.43 亿元投向“互联网 +”珠宝产业综合服务平台项目。

作为东方金钰这个主营珠宝玉石的企业，虽然此次拟募资 80 亿元资金，但仅有 9.43 亿元用于主营业务。控股子公司金钰网络所负责的“互联网 +”珠宝产业综合服务平台项目，业务主要分三类：珠宝行业 P2P 网贷、在线珠宝商城和珠宝论坛，即珠宝典当行业务、在网上销售珠宝业务和珠宝行业讨论业务，无疑是在炒作“互联网 +”的概念。

从上述定增的企业来分析，尽管上市企业推出非公开发行时，其主要负责提供资金的是参与定增的机构或者其他认购者，但是最终将由中小投资者为此买单。资深市场人士因此断言：“那些参与定增的认购方，一般是不会亏钱离开的。他们本身认购成本就较低，而且定增对于公司来说属于利好。这些认购方会在认购的一年后在高位套现离开。认购方赚钱离开，上市公司也融到了钱，那么谁再接手？自然就是那些在二级市场上的投资者了。”

像东方金钰这样的企业不是唯一的个案。据《北京商报》报道，作为深市中小板公司的顺鑫农业，限售股解禁 1.24 亿股。这些限售股全部是顺鑫农业在一年前向 8 家机构推出定增融资时的增发限售股。顺鑫农业在 2014 年 6 月 15 日完成定增，8 家机构当初以 13.2 元 / 股的成本参与定增。当顺鑫农业股价达到了 30 元 / 股，这 8 家机构一年间就实现了翻番的收益，浮盈约 20.8 亿元，这也是那些机构积极参与上市公司定增的主要原因。机构不仅无须买单，而且还将赚大把的钱离开，最终买单的还是投资者。[①]

---

① 马元月、彭梦飞：《谁为上市公司“圈钱”买单减持潮后再刮定增风》，《北京商报》2015 年 6 月 15 日。

尽管陶华碧没上过学，却能清楚地看透世情的本质。因此，陶华碧的观点是有几分道理的。

不信，我们以一个真实的案例来剖析。

1996年，绿大地生物科技股份公司创办者、董事长何学葵从云南小城河口一个小花店起步，短短5年时间，很快发展成了总资产上亿元的大型民营企业。

此刻的何学葵，大胆决定和科研部门的合作，很快取得了较好的效果。没过多久，何学葵就培育出了20多个新品种花卉，由此建成了云南省境内最大的种苗培养基地。何学葵培育的花卉产品得到中外经销商的认可，甚至还出口海外。

当何学葵的事业正蒸蒸日上的时候，他还抓住了1999年昆明世博会的巨大商机，巧妙地签订了多项绿化工程项目的合同，为绿大地生物科技股份公司成为云南园艺和绿化行业的龙头企业打下了坚实的基础。

《圣经》说，大多数人都会选择走“宽门”，因为这是最好走的路，也是通向地狱的路。只有极少数人才会选择“窄门”，那里通向天堂，只有这些人才会走进天堂。这个道理对何学葵来说，同样适用。何学葵如果按照这样的模式踏实地经营下去，绿大地必然有一个美好的未来。但是何学葵并不满足于这样稳健的发展路径，他追求的是跨越式的发展，希望绿大地能够在短时间内迅速做大。

正是何学葵要迅速做大的想法，让他产生了把绿大地包装上市，通过上市融资的方式来快速扩张的想法。

当时，何学葵正好接触到了几位资本运作的资深专家。资深专家给何学葵介绍了有关资本市场翻手为云、覆手为雨的种种传奇，这加快了想快速做大绿大地的何学葵尽快上市的进程。何学葵强烈的上市欲望和冲动也为日后造假上市埋下了伏笔。

在何学葵的经营战略上，绿大地有条件要上市，没有条件也必须创造条件使绿大地上市。当然，要想上市，必须达到上市的标准。然而，按照绿大地当时的情况，肯定是达不到上市的标准的，绿大地上市只不过是何学葵的一个梦想而已。

何况让绿大地上市并不是何学葵的专长。要实现绿大地上市，何学葵就必须聘请相应的管理人才，这个人才就是曾经就职于贵州财经学院和云南省审计厅的蒋凯西。

当何学葵制定了绿大地上市的目标后，何学葵为了让蒋凯西帮自己实现上市梦，拿出了一部分原始股权给蒋凯西；同时在2000年前后，聘请蒋凯西担任了绿大地的财务总监。

蒋凯西的加盟，加快了绿大地上市的步伐。当然，蒋凯西为了更快让绿大地上市，向何学葵推荐了“上市”资深专家——庞明星。

可以说，庞明星是一位名副其实的“上市”专家。庞明星在2003年加盟绿大地之前，已经帮助中国10多家企业成功上市，对上市的流程了如指掌。

而后，为了能达到上市的标准，绿大地董事长何学葵、财务总监蒋凯西、财务顾问庞明星、出纳赵海丽负责在账本上虚增业绩，而采购中心主任赵海燕负责在客户上做文章。就这样，绿大地这辆造假的马车开始在上市的路途上狂奔了。他们的做法主要分成三步：

第一步，修改公司名称。修改绿大地公司名称，在其原名称的基础上加入生物科技，以便更好地迎合市场和投资人。

第二步，注册一批由绿大地实际控制的公司。为了更快地上市，于是注册了一批由绿大地实际控制的公司，利用其掌控的银行账户，操控资金流转。

第三步，造假达到上市的条件。为了满足上市的各种条件，绿大地开始伪造合同、发票和工商登记资料，虚构交易业务，虚增资产，虚增收入。

经过这样的三步后，在上市前后，绿大地竟然虚增资产高达 3.37 亿元，虚增收入高达 5.47 亿元，个别的资产竟然被虚增了 18 倍之多。

虽然如此，绿大地还是遭遇了一些小小的波折。2006 年 10 月，绿大地首次上市遭遇失败。对此，何学葵认为："发行股票没有审核通过的原因，主要就是关于市场调研运行，还有市场前景的问题、大量募集资金投向与经营问题。"

但是，在何学葵"绿大地有条件要上市，没有条件也必须创造条件使绿大地上市"的指导方向下，蒋凯西、庞明星等人最终还真把绿大地给鼓捣上市了。2007 年 12 月 21 日，绿大地终于成功地登陆了中小企业板，募集资金 3.46 亿元。绿大地成为当时 A 股唯一一家绿化行业的上市公司，也成为云南省第一家民营上市公司。

就在绿大地上市挂牌的第一天，绿大地的股价一路高涨，市值上涨了 178%，最高时涨到了每股近 64 元。作为绿大地创办者和董事长的何学葵，一度拥有超过了 27 亿元的资产。

2009 年，在资本市场上凯旋的何学葵跻身胡润富豪榜，成为媒体和地方政府关注的云南女首富。而此时，在资本市场上狂奔的绿大地已经踏上了一条不归路。

为了达到上市公司的要求，何学葵等人通过造假堆出虚假的繁荣；为了避免绿大地资金链断裂，绿大地又在2009年8月提出了增发申请。

然而，让何学葵没有想到的是，正是2009年8月提出的增发申请，让监管部门发现了绿大地造假上市问题，也导致了整个骗局的败露。

2011年12月，昆明市官渡区法院做出判决：绿大地公司构成欺诈发行股票罪，判处罚金400万元；原董事长何学葵判处有期徒刑三年，缓刑四年；其他几位被告也分别被判处两年到四年的缓刑。

收到判决书后，何学葵没有上诉。但是昆明市检察院却提出了抗诉，认为判罚太轻，这才有了2012年5月7日，在昆明市中级人民法院的第二次审判。这一次，检方又对何学葵等被告提出了违规披露重要信息罪、伪造金融票证罪和故意销毁会计凭证罪三项指控。其中伪造金融票证罪最高的刑罚是无期徒刑。为此，中国新时代的云南女首富就这样悄然地谢幕了。

在上述案例中，何学葵为了上市，不惜造假，最终因为自己的行为付出了代价。客观地说，何学葵是中国女企业家中一个非常耀眼的“奇葩”。

从何学葵的履历中我们就能看出，1990年7月，何学葵毕业于云南财贸学院商业经济系，其后相继担任了云南省路达公司财务经理、云南省卫生厅升龙公司业务经理、昆明五华经贸公司总经理等职务；1996 年 6 月，何学葵联合其他股东组建了云南河口绿大地实业有限责任公司，任总经理，并于 2001 年 3 月将公司整体变更为云南绿大地生物科技股份有限公司后，担任董事长至 2011 年 3 月 18 日。

短短数年间，何学葵把一个仅有 20 万元流动资金、5 名员工的小花店发展成一个注册资本为 4400 多万元、总资产上亿元、拥有 250 多名员工的大型股份制企业。

这样的经营业绩说明何学葵是一位不可多得的人才。当何学葵造假上市的事件被披露后，有媒体公然把绿大地称为“银广夏第二”。媒体把绿大地称为“银广夏第二”的原因是，绿大地和“银广夏”这两家公司的方法非常雷同，两家公司都是农业股，都是虚增利润，业绩造假。

何学葵“绿大地有条件要上市，没有条件也必须创造条件使绿大地上市”的做法警示中国企业，尽管上市圈钱融资对于任何一家企业来说都具有非常大的诱惑力，但是企业创始人一旦不计成本、盲目跟风甚至造假上市，都必须为之付出惨重的代价。就像何学葵一样，不仅失去了实现自我价值的机会，而且连自己的前途也没有了，实在令人惋惜。

其实，对于企业创始人而言，上市与否，完全取决于自身的企业情况，如果财务不规范，那就聘请一个会计专家；如果的确要上市，那就聘请相关的专家，一步一步地、循序渐进地将企业规范地经营，从而达到上市公司的要求，绝对不能弄虚作假。

可能有读者会问，既然上市要根据自身条件，还要坚持循序渐进，那么何学葵为什么还要造假上市呢？其实因为部分中国企业创始人不懂法律，总是抱着侥幸的心理，铤而走险，这样的结果就是搬起石头砸自己的脚，从而将自己多年经营的事业葬送。

当我们来解读老干妈不上市的问题时发现，尽管陶华碧不擅长资本运作，却看清楚了企业持续发展和基业长青的关键并非上市一条路。正是因为她明白了上市并非万能，才避免了“有条件要上市，没有条件也要创造条件上市”的悲剧发生。因此，陶华碧才认为，上市是欺骗人家的钱的原因所在。

客观地讲，尽管陶华碧的这个观点有其偏激之处，但是不可否认的是，为数不少的企业上市确实就是为了圈钱，圈了钱就想着怎么甩包袱、怎么跑路，坑害投资者。于是乎，一些企业动用关系削尖脑袋包装上市，采用虚增利润、虚构交易等各种造假手段以达到上市目的，结果刚上市不久业绩就变脸，给资本市场留下了一个又一个烂摊子。①

---

① 经宝：《不贷款、不融资、不上市“老干妈”不上市给政府和企业的启示》，《企业家日报》2014年4月25日。

第二章

“有多少钱做多少事”

纵观中国企业谱不难发现，许多中小企业迅速死亡的一个致命因素就是，企业创始人的盲目冒进，使原本稳健的中小企业摊子铺得过大。

事实上，一些中小企业在创业和发展初期，由于制定的战略相对较为稳健，所以，尽管其发展速度也较快，公司发展仍然非常稳健。但是，当一些企业一旦达到了一定的规模，企业决策人往往就会自以为是，盲目冒进，听不进谏言，最终把辛辛苦苦打造起来的企业埋葬。

针对此问题，北京华夏圣文管理咨询公司还对中小企业做过一个调查，得出的结论让人非常惊诧，那就是有 93.25% 的创业者在获得第一桶金之后，会快速启动 5~10 个不关联的、比以前更大的项目，企图一次推动中小企业的发展，最终现金链断裂，使中小企业面临全面崩溃局面，从而成为令人遗憾的对象。

当然，并非所有的企业家都如此冒进。例如，老干妈创始人陶华碧就多次澄清，老干妈按照既往的节奏和战略，继续“不要贷款、不要参股、不融资、不上市”步伐，稳健地将老干妈做强做大。

面对自己的扩张战略，陶华碧坚持“有多少钱做多少事”，所以能抵挡住冒进的诱惑，坚持稳健的企业战略，让老干妈成为与茅台一样出色的贵州企业。

“不贷款、不参股、不融资和不上市，坚持有多少钱就做多少。”

在中国企业界，揠苗助长的问题屡见不鲜，有的企业甚至还搞起“大跃进”，最终因为缺乏相应的人才、资金而戛然而止。不客气地讲，中国成千上万的企业并非死于竞争，而是死于企业经营者的浮躁。

与之相反的是，陶华碧坚守稳健的发展策略，保证了老干妈这艘大船扬帆远航。在老干妈的发展过程中，创始人陶华碧始终坚持“有多少钱就做多少事”的原则，实施稳健的企业战略，有效地保证老干妈的持续经营和基业长青。正是因为如此，陶华碧也给自己筑起了一道安全的防火墙——踏实经营，不偷税，不贷款，不欠钱，不控股，不上市，正如陶华碧所言：我们有多大的本事，就做多大的事，实实在在来做，这样子比较长长久久。

“我们有多大的本事，就做多大的事，实实在在来做，这样子比较长长久久。”

每隔一段时间，老干妈上市或者融资的传言就会“死灰复燃”。老干妈的相关人员、创始人陶华碧，以及接班人多次澄清，但是依旧无法让老干妈上市的“流言”风平浪静。

在纷纷扰扰的互联网自媒体文章对老干妈要上市的浮想联翩中，陶华碧否认了这样的猜测。在接受媒体专访时陶华碧坦言：

老干妈不考虑贷款、参股、融资和上市，坚持有多少钱就做多少事。

与之相反的是，成千上万的中国企业家在不同的公开场合宣称，某企业3年就可以登榜中国企业500强，甚至还宣称5年就可以登榜世界500强企业。不仅如此，这部分企业家继续讲到，某企业在继续做好规模时，通过资本运作的手段，“说服”风险投资，同时成功地在海内外上市，以此实施激进的财务战略。

在这部分企业家看来，成为中国500强、世界500强企业已经指日可待。相比这部分企业，陶华碧的战略角度要相对狭窄得多。

在陶华碧看来，稳定地、持续地维持老干妈极致的品质，才是自己当前的首要任务，至于老干妈是否入榜世界500强企业，以及自己是否成为中国的“比尔·盖茨”，她并不关心。

陶华碧的战略思维是，“有多大的本事，就做多大的事”，正因为如此，老干妈成为名副其实的辣椒酱行业的“隐形冠军”。

1996 年 7 月，陶华碧租借了贵阳市南明区云关村委会的两间屋子，招聘了 40 名工人，创建了一家食品加工厂，专门生产麻辣酱。1997 年 11 月，陶华碧将其更名为贵阳老干妈公司。

其后，陶华碧始终坚持稳健的发展策略，避免了触礁倾覆的问题。当然，陶华碧这样做是基于自己的经营思路——“有多少钱就做多少事”。

客观地讲，虽然我们支持基于不同战略思维的实践，但是必须支持以企业自身的实际情况为基础，适时地实施激进的财务战略和稳健的财务战略，以及收缩型的财务战略。

一旦脱离实际，就如同一匹脱缰的野马，这就是很多企业家走上不归路的一个致命原因。究其原因，在规模扩张的过程中，不仅需要完善的制度管理，更需要规模化匹配的相关规模管理人才，更需要规模化的战略视野……

遗憾的是，很多中国企业家一时兴起，结果栽倒在规模化扩张的道路上，上演一场可歌可泣的企业大败局悲歌。在《中国家族企业死亡真相调查》一书中，笔者就曾采访了成百上千的企业家，以及他们在企业大厦坍塌后所谈的经验。

在这里，当笔者在为部分失败的企业家惋惜时，一些新的创业者又开始踏上了同样的旅途，或许这就是悲歌的源头。因为有些中国企业家从不反思自己的能力，动不动就要成为世界500强，动不动就要成为中国的“比尔·盖茨”，动不动就要成为“马云第二”。其实，这样的做法压根就不可取。

“去贷款，都没的压力，就没的动力。自己去做，你晓得压力压在自己肩膀上，晓得去努力、去奋斗。”

中国的主流媒体，经常报道中国中小企业融资难、融资贵，似乎融资问题是决定中国中小企业生存和发展的关键。

2019年1月17日，中国中央电视台财经频道《中国经济大讲堂》栏目以《民营经济如何翻越“三座大山”？》为题，报道了经济转型期，民营企业的发展遇到的“三座大山”——市场的冰山、融资的高山、转型的火山。

对此，全国工商联原副主席庄聪生介绍说：“第三个痛点，就是融资难、融资贵的痛点。（2018年）10月我随全国政协调研组到了湖北、湖南等一些地方，去进行调研。我们找到了一些银行的行长，让他们提供相关银行贷款的数字，结果表明，他们贷给国有企业的款额，占到了他们贷款总数的80%，贷给民营企业的款额只占20%。为什么会有这种情况呢？主要就是因为我们的民营企业，特别是很多小微企业缺乏抵押品，又没有健全的财务制度，再加上企业跟银行之间信息的不对称，所以很多的银行都不愿意给民营企业贷款。”①

① 《民营经济如何翻越“三座大山”？》，中国经济大讲堂，2019年1月17日。

其后，媒体记者针对此问题采访笔者，笔者的观点是，任何一个企业，给 1 万亿美元，照样钱不够。融资难本身就是一个伪命题。对此，笔者举例说：“拥有 1300 多年的日本法师酒店，规模虽小，却没有那么多融资压力。”

基于此，对于任何一个企业来讲，都有自身的边界，也就是说，在企业边界扩张的过程是无止境的。在这样的背景下，谈融资难、融资贵问题本身就是一个伪命题。

当然，笔者之所以得出这样的论点，源于笔者自身的研究。当笔者研究日本、欧盟、美国，以及中国诸多家族企业后发现，家族企业由于抗拒上市和向私募出售股权，其经营相对稳定。比如，陶华碧在接受媒体采访时说道：

我从不欠别人一分钱，别人也不能欠我一分钱。

当陶华碧的观点被媒体披露后，学者余胜良就在《证券时报》网上撰文称：“不借贷当然没压力，但这并不值得学习和倡导。经济运行的核心是金融业，金融业起到资源配置作用，将社会闲余资金积累起来，投向能赚钱的行业。借贷可以集中力量办大事，也可以让资金更有效率。”[①]

在余胜良看来，每一个企业都应尽可能借助银行贷款来

---

① 余胜良：《老干妈不懂经济学》，《证券时报》2015 年 3 月 27 日。

集中力量办大事。但是这并不是放之四海而皆准的。原因是，很多企业家论坛上，一些所谓的专家们鼓吹资本运作和高负债来做大企业规模的做法，仅限于一部分企业，像老干妈此类企业并不一定适用。

或许这是陶华碧拒绝“贷款、融资、上市、被私募控股”的直接因素。在20多年的经营中，我相信创始人陶华碧一定看到或者听说过不少“贷款、融资、上市、被私募控股”而倒下的新闻。基于此，陶华碧才对“贷款、融资、上市、被私募控股”如此敬畏，同时也深知贷款对老干妈的发展和生存的积极作用及负面影响。

凤凰网资讯为了解开陶华碧为什么不贷款的谜底，就以“您经营企业还有一个原则，不贷款。这是为什么？”为题，采访了陶华碧。

陶华碧是这样回答的：

> 我没有跟国家贷过款，贴息贷款我都不要。去贷款，都没的压力，就没的动力。自己去做，你晓得压力压在自己肩膀上，晓得去努力、去奋斗。

陶华碧的回答非常务实。企业一旦把贷款视为救命稻草时，那么这样的做法无疑是危险的。究其原因，很多企业在发展稳健时，银行通常都会积极放款，一旦企业出现资金流断裂等问题，银行就会考虑自身的止损问题，其具体措施就是抽贷。此刻，银行的补刀就可能成为企业倒下时的最后一击。

基于这样的考虑，陶华碧在接受媒体采访时谈道：

> 政府很早以前就提出要扶持，我不要。我有多大本事就做多大的事，踏踏实实做，不欠别人一分钱，这样才能持久。

很多企业家听到这样的信息，都觉得陶华碧很傻，拒绝政府的主动帮扶，这是很多人梦寐以求的。这就是典型的张力错位。

与张力错位的企业家们不同的是，陶华碧却坚持自己不贷款，其理由如下：

> 我不欠政府一分钱，不欠员工一分钱，拖欠一分钱我都睡不着觉。和代理商、供货商之间也互不欠账，我不欠你的、你也别欠我的，我用我的质量保证我的市场。有很多供应商都是从建厂维持到现在。

在陶华碧的意识中，尽管不借贷，只能凭借自身的积累，以较慢的速度稳健发展，虽然错失一些机会，总比因为银行贷款而倒闭要强得多。

“你们看，政府也很困难，电梯都这么烂。我们向政府借钱，给国家添麻烦。不借了，我们回去。”

很多企业经营者为了得到银行的贷款，经常为寻求进入政府的扶持名单而绞尽脑汁。然而，老干妈创始人陶华碧，不管是银行贷款，还是规模扩张，却始终保持与政府相对“亲清”的政商关系。陶华碧认为，老干妈必须保持与政府的合理距离，这是保证老干妈基业长青和持续经营的关键。

自从创建老干妈，尤其是在老干妈的生存、发展和壮大的过程中，陶华碧始终坚守稳健的规模扩张战略，尤其坚持“不贷款、不融资、不上市”的家族绝对经营策略。

虽然如此，贵阳市政府依旧给予老干妈诸多支持。2000年，老干妈的产值达到1.5亿元，上缴税金2464万元。此刻的老干妈，产品供不应求，市场拓展势如破竹。基于此，摆在陶华碧面前的问题是扩大规模。

2001年，陶华碧开始扩大老干妈的产业规模。扩大产业规模需要扩建厂房。在当时，老干妈的大部分资金都购买了原材料。面对这一问题，高层领导建议陶华碧寻求贵阳市政府的帮助。

当得知老干妈要扩建规模后，贵阳市南明区委对此事相当重视，立即协调中国人民建设银行，贷款给老干妈，以解决其资金的燃眉之急。

当协调好后，贵阳市南明区委办打电话给陶华碧，让陶华碧到贵阳市南明区委洽谈此事。

接到电话的陶华碧，带上会计赶赴贵阳市南明区委。到达区委后，由于贵阳市南明区长的办公室在三楼，陶华碧和会计便乘坐电梯上楼。在上楼的过程中，由于电梯较旧，陶华碧和会计走出电梯时，陶华碧的衣服被电梯门剐住了，由此跌倒在地。跌倒在地的陶华碧站立起来后，决定不借钱了。时隔多年，在接受媒体采访时，陶华碧回忆道：

> 你们看，政府也很困难，电梯都这么烂。我们向政府借钱（陶华碧不知道政府协调银行贷款是什么意思，以为就是向政府借钱），给国家添麻烦。不借了，我们回去。

正是这样一个小小的意外，改变了陶华碧的融资路径。在陶华碧看来，稳健的经营策略比盲目扩张规模要妥当很多，至少可以控制风险。一旦老干妈贷款，势必会产生更强的投机心理。由于工作关系，笔者在给一些企业创始人做内训时发现，很多企业经营者都认为，融资是决定一个企业基业长青和持续经营的必备条件。

坚持稳健发展，绝不冒进

老干妈之所以能够做到今天的规模，离不开陶华碧稳健的扩展战略——专注、精益求精的匠人思维；诚信，不偷税漏税；重视实业，不投机。这就是陶华碧的极致品质思维。

在老干妈的发展过程中，一向坚持稳健发展，绝不冒进。深知创业成功来之不易的陶华碧在选择发展路径时，自然要慎重很多。陶华碧每一次扩大企业规模，绝不盲目冒进，尽可能做到稳中求胜。对民营企业家来说，企业上新项目容易，但是新项目上马后的“避险”就非常艰难了，稍有不慎，就可能埋下种种风险，致使企业陷入进退两难的泥潭。遗憾的是，很多民营企业创始人在取得一点儿成绩之后就开始“大干起来”。

扩大规模须高度警惕可能存在的风险

在老干妈的规模扩张中，陶华碧始终坚持稳健发展，绝不冒进。即使老干妈发展到一定的规模，陶华碧同样摈弃急功近利的投资行为。

陶华碧清楚，只有稳健的发展型财务战略，才能保证把老干妈打造成为百年老店。一般地，财务战略分为以下三种。

第一，稳健的发展型财务战略。所谓稳健的发展型财务战略，指经营者既保证企业财务绩效的持续稳定增长，也是以实现公司财务业绩稳定增长或资产规模平稳扩张为目的的一种财务战略。

经营者实施稳健发展型财务战略，首要任务就是优化配置现有资源，提高现有资源的使用效率，同时通过利润来积累企业资产规模扩张的资金。

坚持稳健的发展型财务战略，能够有效地避免负担过重的利息。经营者对通过负债来实现企业资产规模，以此实现经营规模的扩张做法相对抗拒，甚至保持谨慎态度。

对此，有学者因此认为，经营者实施稳健发展型财务战略，一个典型的财务特征是“低负债、高收益、中分配”。

第二，激进扩张型财务战略。所谓激进扩张型财务战略，是指经营者试图实现企业资产规模激进扩张的财务战略模式。

实施激进扩张型财务战略时，经营者在绝大部分乃至全部利润留存后，还积极地在外部筹资，甚至更多地通过负债筹措外部资金，满足企业扩张所需要的资金。

据了解，有的经营者采用负债经营者，有的方式则通过股权筹资，原因是股权筹资渠道既可以为企业带来财务杠杆效应，同时还能解决净资产收益率和每股收益稀释的问题。

第三，防御收缩型财务战略。所谓防御收缩型财务战略，是指经营者为了防范财务危机、求得生存和新发展而实施的财务战略模式。

经营者实施防御收缩型财务战略，首要的战略任务就是尽可能地减少现金流净流出和增加现金净流入。

在很多时候，经营者通过削减分部、精简机构、出售边缘资产等，尽可能地盘活存量资产，集中一切资源，以增强企业主营业务的竞争力。

采用防御收缩型财务战略的企业，通常是在发展过程中曾经遭遇挫折，甚至是曾经实施激进的扩张财务战略导致负债包袱和当前经营上面临困难时采取的措施。

基于此，对于任何一个创业者来说，不管是采取稳健的财务战略还是激进的财务战略，其前提都是要根据自身的特点来制定不同的财务战略。

反观老干妈的发展之路，陶华碧第一次开始扩大“经营规模”，是用捡来的半截砖和油毛毡石棉瓦，一夜之间搭起了能摆下两张小桌的“实惠饭店”。

陶华碧第二次经营扩张，是白天开饭店，晚上在店里用玻璃瓶包装豆豉辣椒，一直忙到早晨 4 点，“手都装得扯鸡爪疯”。睡 2 个小时后，6 点又起床开门营业。

陶华碧第三次经营扩张，是在 1996 年 7 月，她租借南明区云关村委会的两间房子，办起了食品加工厂，专门生产辣椒调味品，定名为“老干妈麻辣酱”。

陶华碧第四次经营扩张，是在 2001 年，为了进一步扩大规模，陶华碧准备再建一处厂房。陶华碧每一次扩张规模时，都较为稳健，从不盲目冒进，在投资新项目时她都要全面考察，尽可能做到稳中求胜。

因此，陶华碧的规模扩张给企业家们的启示是：在扩大规模时必须高度警惕可能存在的风险，要加强防范，有效规避风险，确保达到扩张的预期目标。当然，对于企业创始人来说，当企业达到一定规模，并不是说一定不能上新项目，只是告诫企业创始人在上新项目时更需要理性，切不可贪多求快，盲目扩张。需统筹规划，防患于未然。

是否需要扩大规模及多大范围，必须考虑自身的战略问题

许多企业经营者错误地认为，一旦企业要做大做强，就必须想尽一切办法扩大企业规模，甚至规模越大越好。

这样的思维无疑是错误的。在企业的边界拓展中，企业是否需要扩大规模，或者扩大多大范围，必须考虑自身的战略问题。一旦盲目地扩大规模，可能导致产品品质下降、滞销、资金短缺等诸多问题，可能危及其自身的生存和发展，甚至破产。

在辣椒酱领域，湖南双峰县“永丰辣酱”是其中一个案例。据了解，“永丰辣酱”不仅拥有悠久的历史，辉煌时还曾作为朝廷的贡品进献给当时的咸丰皇帝，因此声名大噪，既摆脱了湖南双峰的地域束缚，又走向更为广阔的市场。截至20

世纪 80 年代，“永丰辣酱”畅销华夏大地，甚至远销日本、美国，达到年产 1500 吨的产业规模。

在今天看来，1500 吨似乎微不足道，但是在 20 世纪 80 年代的中国，这可是一个天文数字。然而，由于诸多原因，“永丰辣酱”达到增长峰值后便停留在这一水平上，其后开始萎缩，最终湮没在市场中，被消费者淡忘。

当“永丰辣酱”沉寂后，一些研究者梳理后发现，“永丰辣酱”这个拥有绝对优势的行业领头羊并不是被“老干妈”“老干爹”等后来者冲垮，与其说它在惨烈的市场竞争中一次次败下阵来，不如说是称霸市场之后战略失焦、一系列错误举措导致的“自毁长城”。[①]

资料显示，“永丰辣酱”是湖南省双峰县永丰镇生产的，因其地名而闻名于世。湖南省双峰县永丰镇盛产灯笼辣椒，当地居民就以灯笼辣椒为原料，以民间制酱的传统工艺方法加工而成，最早的制酱传统工艺可追溯到明代。

改革开放后，中国市场经济的号角正式吹响。位于中南地区的湖南也同样觉醒，国营永丰辣酱总公司于 1986 年成立。其下属分公司均以“永丰辣酱”品牌来推广和销售其产品。

20 世纪 80 年代，由于中国物资匮乏，其市场需求的旺盛超出经营者的预料。为了拓展似乎没有边界的市场，一些分公

① 《辣酱品牌老干妈：酱缸中做大的生意》，新浪网，2013 年 7 月 17 日。

司为了扩大辣椒酱产能，大肆收购湖南省双峰县永丰镇以外的辣椒代替本地辣椒，任意缩短辣椒酱的加工工艺流程，甚至还掺杂面粉、豆渣等原材料。这种行为无疑给“永丰辣酱”的品牌形象造成不可挽回的巨大伤害。一些观察家痛心疾首地评论道：具有300年历史的“永丰辣酱”牌子砸在了当代人手中。

“永丰辣酱”陨落的原因主要有两个方面：一方面是基于品牌知名度而生的投机心理，自以为“皇帝女儿不愁嫁”，忽视市场营销，根本不把消费者放在心上。另一方面则是根深蒂固的骄纵自满情绪作怪。“永丰辣酱”的管理者认为，“永丰辣酱”之所以被评为名优产品，全因采用传统土法技艺生产，没有必要耗资引进先进工艺和机器设备，因此对科学工艺退避三舍。对于上级拨付的技术贷款，“永丰辣酱”三厂却用来购置锅炉、修建水池，并没有用以提高自身的生产能力和工艺水平。而与此同时，陶华碧等草根创业者却将千辛万苦筹措到的有限资金投入现代化生产线的建设中。[①]

鉴于此，在扩大老干妈企业规模问题上，陶华碧通常都是经过深思熟虑的。回顾老干妈的发展过程，尤其是当老干妈发展到一定的规模时，陶华碧按照老干妈的实际情况，稳步地发展其规模。

在陶华碧看来，一旦盲目扩大规模，必然会犯很多错误，

---

① 杜博奇：《酱缸中的生意》，财富中文网，2013年2月21日。

就会导致老干妈遭遇重大经营困难，致使危机重重，这无疑是饮鸩止渴。这样的担忧是有道理的。

因此，只要创业者能够抵挡住冒进的诱惑，坚持稳健的企业发展战略，那么企业遭遇失败的概率就小很多。在《企业如何做到基业长青和永续经营》培训课上，我就多次告诫许多企业创始人，要想将企业打造成百年老店，就必须克服浮躁和急功近利的心态，否则即便取得一时利润，企业的发展之路也不可能走得太远。

很多中小企业之所以稍微上规模就摇摇欲坠，筹资越多犯错越多，根本原因就是缺乏科学的发展战略，当取得一点儿业绩时，企业家极易作出快速扩张的决策。

然而，企业在快速扩张时，企业创始人往往不注意基础管理，盲目冒进，进而引发诸多悲剧。如郑州亚细亚的王遂舟为了贪图一时的快速发展，盲目向银行贷款，以现有的企业资产进行抵押，再用贷款去兼并别的企业，以此循环进行，达到迅速扩张的目的。可惜企业经营不善，后果当然就是致命的。

所以，由于有些企业家对风险控制不够，尤其是缺少财务上的风险控制，从而给企业造成极为严重的后果。可以说，风险控制是一个合格企业家领导力的具体体现。在很多媒体的报端，我们经常看到，一些企业因为创始人的冒进而倒闭，而且企业往往都倒在最辉煌之时，尤其令人惋惜。

德国中小企业的“小而美”

老干妈之所以不上市，是因为坚持自己的“有多少钱作多少事情”的战略思维。然而，目前媒体和资本市场都在误导企业经营者，鼓吹上市的诸多好处，却有选择性地粉饰上市的弊端。这就导致老干妈的不上市观点招致诸多质疑和批评。可是，当我们查阅相关资料后发现，一些发达国家中小企业，尤其是那些长寿家族中小企业似乎对资本市场的需求不是很旺盛。作为欧洲代表的德国更是如此。

关于德国企业为什么不热衷上市这个问题，德国咨询公司柏林合伙人国际事务负责人托马斯·埃因斯费尔德告诉我们一个他的答案：因为德国的股市不发达。

托马斯·埃因斯费尔德解释称，在德国，中小企业的数量达到 98%，由于德国的股市相对不发达（全德国不过 800 家上市公司），因此很难把企业做好后立刻申请上市，尤其是“圈钱”后退出。

基于此，这些经营者不得不做好更为长远的发展规划。而在这些中型企业中，很多又是家族企业。经营者信奉世代流传的“活下去比什么都重要”的经营哲学，通常不会为了纯粹追求利润而去进行资本运作，上市的选项也因此被排除在外。

正因为如此，这又进一步加剧了德国股市的不发达。托马斯·埃因斯费尔德说：“不过，也正因为资本市场不发达，许多德国企业，尤其是家族企业，都会老老实实地把产品做到最好，把管理做到最好，反而让德国的实体经济变得特别强大。”

在托马斯·埃因斯费尔德看来，这反倒彻底激活了德国中小企业的活力。根据《欧洲时报》(德国版)的报道显示，全球目前共有 2734 家“隐形冠军”企业，其中德国就有 1307 家，占总数的 47%；美国有 366 家，位列第二。[①] 见表 2–1。

表 2–1 “隐形冠军”企业国家排名

排名	国家	数量(家)
1	德国	1307
2	美国	366
3	日本	220
4	奥地利	116
5	瑞士	110
6	意大利	76
7	法国	75
8	中国	68
9	英国	67
10	瑞典	49

对于“隐形冠军”企业，西蒙顾和管理咨询公司创始人赫尔曼·西蒙教授设置了以下三个条件：第一，该企业所经营的产品不能低于世界市场排名前三或者大洲第一；第二，年营业额不超过 50 亿欧元；第三，企业的知名度相对较低，不为普

① 周磊:《德国中小企业太剽悍一千多家“隐形冠军”占据全球半壁江山》,《欧洲时报》(德国版)2015 年 12 月 18 日。

通消费者所熟悉。

赫尔曼·西蒙教授解释称，之所以没有设定企业的年营业额的底线，是因为在全球化和通信业发达的背景下，即便是微型企业也能在全球市场上叱咤风云。例如，来自波恩的管风琴制造商——克莱斯公司，其员工人数一直保持在65人左右，年营业额只有600万欧元，却垄断着世界最负盛名的歌剧院或教堂的管风琴市场。

当然，以年营业额的标准也是变动的。1995年设定的年营业额的上限额是30亿欧元。2015年的标准是50亿欧元。基于此，随着企业纷纷全球化，“隐形冠军”企业的规模也在过去20年内增加了近8倍，因此原有的指标也须往上提升才能符合实际情况。[①]

抗拒以外部融资的代价换取企业短暂的增长

许多企业家热衷以“大即是美”为基础，实现自己的全球化战略。然而，一项研究数据表明，越是经济发达的国家，那里的绝大多数公司却很小。事实上，几乎所有发达国家，包括美国、德国、法国、荷兰和日本，中小规模的企业总量超过95%，这类企业的雇员人数往往不足500人。

德国的经营者坚守“小而美”。在德国企业经营者看

---

① 周磊:《德国中小企业太剽悍一千多家“隐形冠军”占据全球半壁江山》,《欧洲时报》(德国版)2015年12月18日。

来，“小”不仅是美，还是经济表现和韧性强大、持久的窍门之一。

按照德国经营者的理解，中小企业的定义有两个方面：

第一个方面是指公司的大小。根据德国自己的定义，中小企业的雇员人数不超过 500 人，销售额不超过 5000 万欧元，见表 2–2。

表 2–2　德国和欧盟对中小企业规模的定义比较

企业	雇员人数	每年销售额（欧元）	年度资产负债表数据（欧元）
德国的定义			
小型企业	9 人以内	少于 100 万	
中型企业	100~499 人	100 万~5000 万	
大型企业	500 人以上	超过 5000 万	
欧盟的定义			
微型企业	9 人以内	少于 200 万	200 万以内
小型企业	10~49 人	1000 万以内	1000 万以内
中型企业	50~249 人	5000 万以内	4300 万以内
大型企业	250 人以上	5000 万以上	4300 万以上

按照这个标准，几乎所有德国公司都属于中小企业——它们占公司总数的 99.6%，雇用了 60% 的员工，占略高于 1/3 的销售额。

第二个方面主要侧重于微妙的质的问题。构成中小企业的要素未必是某个特定的规模标准，可能是一套共同的价值观、战略、治理、金融、人力资源实务和发展方向。这里，企业的规模轻于发展方向、价值观和运作方式。即便博世或伍尔特这样的大公司，也可能与更小、更典型的同行有共同的看法、策略和价值观，因此常常被视为德国的中小企业。[①]

对此，《新闻周刊》报道称：“中小企业成功的定义如下：成为利基市场的世界领袖，哪怕客户在半个地球之外也不负‘万事通’公司的盛名，争当受益于全球化而不是被其冲毁的‘隐形冠军’（引用了德文短语）。再者，中小企业可以在小城镇雇用 50~500 人，意味着有才华的青年不必去大城市找寻成功之路。这是分散权力（此处指经济）的另一种方式。产生德国大部分企业收入的中小企业的成功，与国家对制造业的支持密不可分。”

《新闻周刊》的观点很有代表性，原因是中小企业对德国经济起到举足轻重的作用。例如，中小企业解决的就业基数很大，为中小企业工作的员工占到 60%，就职于大公司的员工仅仅只有 20%。另外，83% 的学徒来自中小企业。

在德国企业和服务部门供应知识型人力资本体系中，主要的人才来源中小企业。当然，相当数量的中小企业由于自身规模的限制，无法建立专门的研发部门。虽然如此，依然有 35 万名研发科学家和工程师受雇于私营企业。其中，大约有 1/4 效力于这些小公司。数据显示，2013 年，德国中小企业投

① ［美］戴维·奥德兹、［德］埃里克·莱曼：《德国的七个秘密》，颜超凡译，中信出版社 2018 年版，第 28—29 页。

入的研发费用大约为 87 亿欧元，用来开发新产品和生产技术，约占研发项目总支出的 15%。[①]

德国中小企业的债务比率是世界最低的

中国证监会原主席肖钢在“健全科创金融生态体系”中讲道：“科创金融是适应科技创新特点和需求的金融服务与产品体系。多年来，中国金融在服务和支持科创方面取得了很大的成就，但同时也应该看到在科创金融方面还不够健全。”[②]

在演讲中，肖钢以美国、德国和日本为例，对比了德国和日本创新资本形成的机制，见表 2–3、表 2–4、表 2–5。[③]

表 2–3　美国创业投资各阶段占比　（%）

年份	按项目的投资占比			按金额的投资占比		
	种子期	扩张期	后期	种子期	扩张期	后期
2016	49.84	30.97	19.20	8.82	31.72	59.46
2017	47.62	32.87	19.49	8.78	34.53	56.68
2018	42.02	35.27	22.71	5.73	31.31	62.95

① ［美］戴维·奥德兹、［德］埃里克·莱曼：《德国的七个秘密》，颜超凡译，中信出版社 2018 年版，第 30 页。

② 《一图看懂肖钢演讲 PPT：扶持壮大 VC/PE 设科创投资银行》，新浪财经，2019 年 7 月 17 日。

③ 《一图看懂肖钢演讲 PPT：扶持壮大 VC/PE 设科创投资银行》，新浪财经，2019 年 7 月 17 日。

表 2-4 德国创新资本形成的机制 （%）

德国中小企业	自有资金	银行贷款	政府资金	私募及其他
少于 5 人	47	32	13	8
5~9 人	43	38	12	5
10~49 人	42	36	19	3
50 人以上	60	24	9	7

表 2-5 日本创新资本形成的机制 （%）

日本中小企业融资特征	占比
员工超过 20 人的中小企业，拥有主银行的比例	85
商业银行贷款中，中小企业贷款占比	68
商业银行对企业持股上限	10
由政府支持的信贷和担保贷款占比	15.6

这组数据说明，健全的科创金融体系是保证中小企业稳健发展的重要方面。因此，《经济学人》给予较高的评价：（德国中小企业）常常被誉为支撑世界第四大经济的骨干群体。它们个个都是世界级领袖，却韬光养晦、不露锋芒。它们通常由家族经营，隐于小城镇，只被购买它们的特定机器和零件的企业所熟悉。

在这个评价中，《经济学人》提到几个较为关键的词语——家族经营，隐于小城镇，韬光养晦，不露锋芒。或许正是这个原因，德国中小企业不光在生产制造领域形成巨大的竞争优势，而且稳住了就业和经济增长率，见表 2-6。

表 2-6　欧洲的中小企业在全部企业中的占比　（%）

序号	国家	欧洲的中小企业在全部企业中的占比
1	希腊	96.5
2	波兰	96.3
3	葡萄牙	96.0
4	捷克共和国	95.8
5	意大利	94.4
6	匈牙利	94.2
7	法国	93.5
8	西班牙	93.3
9	比利时	92.7
10	荷兰	90.0
11	奥地利	88.6
12	英国	88.3
13	丹麦	87.6
14	德国	83.8

研究发现，由于只有少数中小企业上市，或者由外部私募股权公司掌控，这就保证了企业的稳定经营。

在德国的中小企业中，大多数的中小企业又都是家族企业。由于家族私营的中小企业，尤其当涉及控制权和决策问题时，通常会抗拒以外部融资的代价换取企业的短期增长。一旦搞外部融资，无疑会损害中小企业的独立性和灵活性。

正因为如此，德国中小企业的债务比率是世界最低的。即使是目前，德国中小企业的债务比率甚至处于数十年来的最低水平，这与中国企业经营者热衷资本运作有着天壤之别。

在德国，虽然资本市场的利率较低，但是德国中小企业经营者为了保持高度的独立性、自主性和安全性，更倾向于通过自己的实际财力，保持和扩张规模。对此，德国中小企业的经营者把“适者生存”视为圭臬或者箴言，而不是中国某些企业家倡导的“胖者为尊”。

当然，这并不是说德国所有中小企业都不上市，有些经营者一样抵制不住诱惑，也上市，或把所有权出售给私募股权公司。

例如，创建于1748年的唯宝公司，创建于1879年的罗森塔尔公司，创建于1948年的高仪集团；等等。然而，这些曾经的家族企业和私营中小企业因为上市或者出售给私募股权公司，其后续业绩表现却因为战略重点的改变，陷入了过于看重快速发展但短视的市场份额增长的陷阱中，失去了之前的稳定性和可持续性。

由于家族企业自身抗拒公开上市和私募股权公司，坚持稳定的经营策略，因而能成为悠久传统、跨越数代人的最古老的家族企业，见表2–7。[①]

① ［美］戴维·奥德兹、［德］埃里克·莱曼：《德国的七个秘密》，颜超凡译，中信出版社2018年版。

表 2-7　德国最古老的家族企业排名

德国家族企业	成立年份	行业范围	销售额（百万欧元）	雇用人数
阿亨巴赫	1452	机械工程厂	59.920	311
伊莎布朗海特·赫斯勒	1482	金属加工	96.990	680
德国邮政	1490	物流	55500.000	435285
威廉普莱姆	1530	按钮	380.005	3891
安纳胡特钢铁厂	1537	螺纹钢	224.00	500
莱昂尼	1569	电缆	3810.000	61591
普法伊费尔股份	1579	钢丝绳和升力系统	217.500	1100
旋塞铣刀美术	1584	美术纸	25.430	180
萨克森欧洲硬币	1612	硬币	84.400	100
亨氏控股	1622	玻璃器皿	292.870	3000
默克公司	1668	药剂和液晶	10741.000	39230
国际葡萄酒	1675	葡萄树直接销售	48.290	5400
米特里亚集团	1681	豪华室内设计	82.650	300
卢卡斯梅德尔	1683	户外鞋	62.000	250
迪林格小屋集团	1685	钢/重型厚板	2498.000	5291
兰贝茨	1688	焙烤食品	552.400	3450
萨普	1701	钢材	338.600	100
戈德霍费尔	1705	运输机	141.600	650
弗里德里希	1707	生产技术	36.000	500

1340 年，工匠乔汉·普里姆开设作坊，在亚琛地区开始生产针和纽扣。如今，以其后人威廉金匠命名的威廉普莱姆股份

有限公司依旧保持着较强的活力，目前已经成为欧美织物整理加工市场的领导者。该公司业务遍布全球，销售收入达到 3.5 亿欧元。

据了解，威廉普莱姆股份有限公司始终由该家族掌握，目前已经传到第 16 代。该公司之所以长寿，是因为他们秉承德国中小企业的座右铭——将优良传统与创新完美结合。

在过去的几百年间，威廉普莱姆股份有限公司忠于自己的原则和根本，但也懂得把握良机，借助像 1903 年弹簧搭扣这类根本性的创新大展宏图。[①]

---

① ［美］戴维·奥德兹、［德］埃里克·莱曼：《德国的七个秘密》，颜超凡译，中信出版社 2018 年版。

第三章

不差钱、融资管道发达，无意耗巨资上市

陶华碧之所以能坚持不要贷款、不要参股、不融资、不上市，是因为得益于自身充裕的现金净流入。通俗而言就是老干妈不差钱，融资渠道广。

对于老干妈的经营模式，华泰证券直言："老干妈采取不欠账、不赊账的现销模式，使得公司应收账款周转期为0天，现金流充裕。所以，在老干妈的三大坚持中，除了不上市，还有不要贷款和不融资。"

正因为老干妈的这种没有充分利用"供应链资金"而形成的"不欠账、不赊账"的现销模式，吸引了优质的上游原材料供应商，在因为自身的信誉赢得上游供应商信赖的同时，也稳定了上游原材料的供货来源，有效地保证了生产供应和产品质量。

与老干妈相反的是，一些消费品龙头企业利用自身的地位，挤压应付账款的周期，且应付账款周转期均在30天以上。然而，老干妈的应付账款周转期居然为0，这不得不让人佩服陶华碧。

现货交易拥有充足的现金流

有人这么形容老干妈："几年来，作为酱类调味品领导者的老干妈就像一位埋头疾行的剑手，身影绝世而孤独。"[①] 这样的描述倒是非常客观公允的。在完全凭借经销商赊销打天下的"快消"行业，老干妈几乎成为一个"另类"。陶华碧坚守现金为王、现货现款原则，绝不玩提前确认收入、赊销的那一套，提货都是真金白银。

在老干妈的发展和壮大过程中，陶华碧始终坚持"我从不欠别人一分钱，别人也不能欠我一分钱"的经营策略。因此，老干妈多年来总是一枝独秀。这也在"融资难"和"钱荒"的当下，老干妈依然能够保持高速发展的一个关键因素。

"我从不欠别人一分钱，别人也不能欠我一分钱。"

在对老干妈采购和销售模式的研究中发现，老干妈的做法有别于传统的操作模式。在经营中，陶华碧无论是收购农民的辣椒，还是经销商代理老干妈的辣椒酱，永远都是"现款现货"。

① 邓琼瑶：《从不打广告的老干妈为何这么火？》，梧桐树财经网，2014年11月3日。

所谓“现款现货”，是指一手交钱，一手交货，进行现钱、现货交易。辣酱加工厂刚刚创建时，老干妈只有员工40名。当时，由于老干妈只是一个简陋的手工作坊，不仅没有辣椒生产线，而且全部工艺都采用较为原始的手工操作。

在辣椒酱的制作中，捣麻椒、切辣椒是一件苦差事。原因是，在手工操作中，溅起的辣椒末会刺激眼睛，甚至辣得不停地流泪。

那时，陶华碧一手握一把菜刀，两把菜刀抡起来上下翻飞，嘴里还不停地说：“我把辣椒当成苹果切，就一点儿也不辣眼睛了。年轻娃娃吃点苦怕啥。”

在陶华碧的示范下，员工们也纷纷效仿。当辣椒酱加工出来后，陶华碧才发现，自己找不到装辣椒酱的合适玻璃瓶。

于是，陶华碧找到贵阳市第二玻璃厂（以下简称贵阳二玻）厂长办公室，要求定制玻璃瓶。当时，贵阳二玻年产1.8万吨玻璃制品。因此，贵阳二玻压根就不愿意搭理这个要货量少得可怜的小客户，直接就拒绝了陶华碧定制玻璃瓶的要求。

面对贵阳二玻厂长的拒绝，陶华碧说了一句大实话：“哪个娃儿是一生下来就是一大个哦，都是慢慢长大的嘛，今天你要不给我瓶子，我就不走了。”

经过几个小时的软磨硬泡，双方最终达成了如下协议：玻璃厂允许陶华碧每次用提篮到厂里捡几十个瓶子拎回去用，其余免谈。

虽然没有达到定制玻璃瓶的目的，但还是解决了陶华碧的实际问题，她因此满意而归。解决了玻璃瓶的问题，陶华碧接着开始解决市场问题。

在作坊时代的“老干妈”，产量虽然很小，但龙洞堡周边的凉粉店已经消化不了其辣椒酱产量了。不得已，陶华碧必须拓展新的市场。

创业之初的陶华碧，首次感觉到经营的压力。于是，她用提篮装起辣椒酱，开始走街串巷，在各单位食堂和路边的商店上门推销。

刚开始，贵州当地都是家家户户自己制作辣椒酱，食品商店和单位食堂都不肯接受这样的“新鲜事物”，尤其是名不见经传的老干妈辣椒酱。

陶华碧与其他创业者一样，只能跟商家协商把老干妈辣椒酱摆在商店和食堂柜台试销。由于陶华碧制作的辣椒酱品质较好，口感不错，仅仅一周，商店和食堂都纷纷要求陶华碧加倍送货。陶华碧除了亲自送，还派员工加倍送去，竟然很快又脱销了。

面对如此好的市场前景，陶华碧开始扩大老干妈的生产规模，于是打电话给贵阳二玻厂长毛礼伟：“我要一万个瓶子，现款现货。”

可能让当年的厂长没有想到的是，正是当初的这一妥协，保持了贵阳二玻的活力，尤其是在国企倒闭狂潮中，贵阳二玻能够力挽狂澜、屹立不倒，甚至能发展壮大，一个关键的原因就是有陶华碧订货量的大力支持。

经过几年的发展，老干妈的经营规模呈爆炸式增长，需要的玻璃瓶数量越来越多。来自重庆、郑州等地的大型玻璃企业开始接力。

贵阳二玻与这些大型企业相比，无论是成本，还是质量，都无绝对优势，但是陶华碧从来没有削减过贵阳二玻的供货份额。即使是现在，老干妈 60% 产品的玻璃瓶都由贵阳二玻生产，二玻的 4 条生产线，有 3 条都是为老干妈 24 小时开动。

据陶华碧介绍，从自己首次购买玻璃瓶开始，到现在老干妈日销售额过千万元，始终坚持“现款现货”模式。老干妈没有库存，也没有应收账款和应付账款，只有高达十几亿元的现金流。

“要给总公司一两千万元的保证金，证明你有这个实力做代理。”

在陶华碧的经营中，始终坚守“现款现货”模式。这样做的好处是，既解决了老干妈的现金净流入问题，同时避免了因为应收账款坏账，或者因资金流动周期导致现金流断裂的问题。原因是，净现金流入是关乎一个企业生存和发展的关键所在。一旦净现金流入为零，就意味着企业面临倒闭。

例如，企业创始人张三持有 20 万元，购买土地耗费 15

万元，转手销售了 30 万元，利润为 15 万元。然而，账面收入虽是 15 万元，但是直到 5 万元的现金花光，仍然没有收回销售土地的 30 万元，张三不得不宣告所经营的企业破产。

从上述案例中可以得出结论，应收账款只是账面的利润，只是债权，甚至不是将产品转变成了现金。由此可知，应收账款问题就像一颗毒瘤，若是不解决，企业可能因此破产。债权存在的风险是显而易见的。

例如，某上市公司股东之一的金先生在接受媒体采访时介绍称，该企业曾经年平均营业收入达到 1 亿元以上，如今却面临倒闭。导致企业倒闭的重要因素是收不回应收账款。金先生说道："公司的应收账款未回款项积压太多，金额达 1.4 亿（元），现金流因此断了，不重视回款、催款力度不够是直接导致公司无法经营下去的真正原因，而最长的逾期款项账龄达 10 年之久，从（20）08 年至今！"

金先生补充道："此前公司的应收款也多，现金流也充足就没考虑之前的逾期账款，等到公司没钱了，才想起要催收之前的逾期账款就晚了。公司的应收账款管理制度还有老板不重视是造成逾期款拖欠严重的主要原因。再次是财务经常更换，记了一本本烂账，现在回想起来应收账款是真的很有必要好好管理的。"[①]

① 《应收账款，竟让一家上市企业倒闭！》，大象 IPO，2018 年 12 月 9 日。

金先生所说的案例并非个案，在中国很多企业中，应收账款过多是一个常见的顽疾，即使是像长虹这样的大型企业，同样因为应收账款而出现呆账，结果使得长虹的经营一度陷入困境。当然，这样的顽疾与中国企业的决策者有关，一些制造企业为了拓展自己的渠道，或者尽可能地抢占市场份额，不考虑应收账款存在的风险，盲目地发货给经销商。

殊不知，这种做法对制造企业来说，可谓一把“双刃剑”，一旦应收账款无法收回，必然造成无米下炊的局面。这样的做法是不值得提倡的。因为现款现货，所以能防止烂账。巨人创始人史玉柱在很多年后回忆说道：

巨人在高峰的时候，有3亿（元）的烂账，其中有2亿（元）是因为管理不善而烂的，有1亿（元）是因为意外而烂。

那为什么会烂？因为我们的货款是赊销的。所以在低谷的时候我们就规定，哪怕我做得再小，我所有的产品现款现结，你不做就不做，但是我就是现款现结。开始很难，大家都说做不到，但是咬咬牙撑过来了，最后也就做到了，所以现在和我们做生意的公司全部都是现款现结。

当然我们也不欠别人的钱，所有供应商的款，我们也给你现款现结，广告费我们也跟你现款现结，就是我们也给你付出去，但是我们不欠别人的，别人也别欠我们的。

实际上这样一旦进入良性循环，大家知道你这个企业就是这个行为，想和我做生意，就是这样的，慢慢被认可了，也就做到了。所以脑白金累计几十亿（元）的销售额，但是没有一分钱烂账。[①]

陶华碧敢于在经营中使用现款现货，甚至不贷款、不融资，其底气源于老干妈有数十亿元的现金流。究其原因，是处于四面丛林的传统制造业，老干妈坚守现金为王、现货现款原则，绝不玩提前确认收入、赊销那一套，其增长都是真金白银实打实的增长。1998 年产值 5014 万元，2013 年产值 37.2 亿元，15 年产值增长了 74 倍。与其财务原则对应，是其不上市、不贷款、不融资和现款现货的经营原则，固执到近乎偏执的理念，一分钱一分货，没有大经销商拥有特权。[②]

正是因为老干妈的现款现货策略，让老干妈拥有巨额现金流，这无疑提升了老干妈的省级代理门槛。“要给总公司一两千万元的保证金，证明你有这个实力做代理。”林先生说，“仅广东地区，每年的销售额都能达到 3 亿 ~ 5 亿元。”据林先

---

① 《史玉柱自述：我的营销心得》，同心出版社 2013 年版，第 192—194 页。

② 叶檀：《华为和老干妈坚持不上市为何赢得掌声？》，《每日经济新闻》2014 年 5 月 12 日。

生介绍，即使占老干妈全国 1/10 强的销售额，代理经销商仍然没有争取到账期的“特权”。

业内专家对此分析认为，由于老干妈不存在同业竞争者，加上产品品质稳定，所以能够做到现款现货。这一点也得到林先生的肯定。林先生说：“自己经销老干妈十几年，眼看其他品牌的起落，只有老干妈一枝独秀。即使是现款现货，代理授权也很难拿。”

持续稳定极致的产品成为硬通货

老干妈辣椒酱在渠道经销中相对较为强势，具体表现为如下几点：（1）经销商先打款，后发货，现货现款。（2）规模订货量，往往以火车皮为发货单位，量太小，老干妈不发货。（3）老干妈不支持广告和促销。（4）大区域布局，一年一次经销商会。

虽然老干妈如此强势，经销商却愿意接受，原因是老干妈产品因其稳定的品质，成为市场的“硬通货”。只要能够成为经销商，拿到货，就不愁销售，而且老干妈辣椒酱的流通速度快，风险较小，保证了经销商的利润。

“我的辣椒调料都是100%的真料，每一个辣椒，每一块牛肉都是指定供货商提供的，绝对没有一丝杂质。”

老干妈之所以能够成为“硬通货”，一个重要的原因是创始人陶华碧对产品品质的追求。不管是原材料的采购和选用，都严格地把控其源头，甚至到了非常严苛的地步。

在涉及原材料问题上，没有商量的余地，即使是自己的亲妹妹，陶华碧一视同仁，毫不妥协。

有一次，陶华碧的亲妹妹从遵义市湄潭县采购了一车干辣椒送到贵阳，满怀期望地销售给自己的姐姐。然而，经过质量检验，陶华碧妹妹采购的辣椒因为某项指标不符合用料标准，陶华碧当即要求原车退回。

妹妹非常不理解陶华碧“不近亲情”的做法，赌气地将一车辣椒再次拉回老家湄潭县。从此以后，妹妹10多年没有跟陶华碧说过话。

或许正是这样的坚守，才是老干妈赢得消费者的关键原因。在接受媒体采访时，陶华碧是这样介绍的：

> 我的辣椒调料都是100%的真料，每一个辣椒，每一块牛肉都是指定供货商提供的，绝对没有一丝杂质。

在老干妈企业中，陶华碧时常告诫员工：产品一定要足量给顾客，不讲诚信就是自砸招牌。为了确保老干妈有较好的产品质量，本着对消费者负责任的态度，陶华碧甚至宁愿辜负亲情也在所不惜。

正是严格到苛刻的原材料把控，以及产品为王的理念，这才让老干妈走向世界，成为辣椒酱的代名词。

在老干妈的产品系列中，一共才十几种品类，它们是：（1）风味豆豉油制辣椒；（2）红油腐乳；（3）火锅底料；（4）香辣菜；（5）油辣椒；（6）香辣脆油辣椒；（7）香辣酱；（8）辣三丁油辣椒；（9）干煸肉丝油辣椒；（10）精制牛肉末豆豉油辣椒；（11）肉丝豆豉油辣椒；（12）风味鸡油辣椒；（13）风味糟辣椒；（14）风味水豆豉……

在当初的这些产品中，每一个品类可以说都饱含陶华碧亲力亲为的心血。在陶华碧看来，自己从不偷工减料，从不以次充好，用料、配料、工艺拿捏，在整个流程中，对原材料的把控达到难以置信的苛刻程度，而且还有许多讲究以保持产品风味。

出自贵州的另一位企业家任正非也非常强调质量在竞争中的作用。任正非说过："我们决不能为了降低成本，忽略质量，否则那是自杀，或杀人。搞死自己是自杀，把大家都搞死了，是杀人。"

客观地讲，在中国的众多企业中，华为绝对可以算得上是对质量管理比较重视的一个企业。在华为制定基本法时就提出：我们的目标是以优异的产品、可靠的质量、优越的终生效能费用比和有效的服务，满足顾客日益增长的需要。质量是我们的自尊心。

"宁愿让机器停工，也不愿让瑕疵原料进入生产流程。"

陶华碧十分清楚，"味道"就是王道，只有从原材料和货真价实下功夫。经过多次的改良，她把老干妈打造成一款恰到好处的复合口感和最普世口味的合二为一的产品。

在产品研发中，由于辣椒酱的原料之一豆豉是典型的发酵产品，口味较为复杂，因此，在辣椒酱的研发中，老干妈强攻豆豉的复合口味，把这个口味做到恰到好处，甚至改良其丰富的口感，形成技术壁垒，做到了将对手阻击在门外。

正因为如此，陶华碧非常在意原材料豆豉的质量，绝不让有瑕疵的豆豉进入生产流程。一些合作伙伴和厂家为了私利或某种目的，在给老干妈供货时，也会提供有问题的原料。

当陶华碧发现后，竟然毫不犹豫地宁愿停止生产，也必须要合格的原料。这出乎供货商的意料。

有一次，由于老干妈辣椒酱供不应求，急需豆豉原料，于是陶华碧让重庆的一家豆豉厂尽快运送 10 多吨豆豉到贵阳来。由于是“等米下锅”，检验员收货时自然不可能像平时检查得那样仔细。

当把 10 多吨豆豉卸下后才发现，供货商拉来的豆豉，质量好的豆豉摆放在最外面，中间部分的豆豉竟然都馊了。假如只顾着赶生产进度，这批豆豉经过特殊处理后自然也可以用，只不过口感差一些，但是陶华碧坚持自己承担损失，也不糊弄消费者。

老干妈也因为原料短缺而被迫停产两天，造成的损失是巨大的。这样的例子在老干妈举不胜举。研究发现，在产品生产过程中，可能会遭遇瑕疵原材料，有的企业经营者为了减少损失，任其进入生产流程，最终让产品进入市场。

与之相反的是，一些经营者为了尽可能地节约成本，采购不合格的原材料，导致产品质量问题重重。

对于任何一个食品企业来讲，过硬的产品质量是品牌扩张的前提，同时也是形成品牌口碑传播的关键，更是渠道拓展的助推器。在老干妈产品的市场拓展中，产品质量不仅提升了顾客的忠诚度，同时也给竞争者建立了一道不可逾越的壁垒，更是把老干妈打造成辣椒酱行业的标准。

基于此，在追求产品质量与技术创新原则的基础上，老干妈的品牌影响力发挥了更积极的作用。在坚守产品质量的过程中，陶华碧自身的企业家精神促进了老干妈的品牌传播，且发挥了不可或缺的作用。对此，陶华碧公开称："宁愿让机器停工，也不愿让瑕疵原料进入生产流程。"

用户的口碑维持其稳定的销量，使现金流不会断流

在很多企业家论坛上，一些企业家不是在吹嘘只有建设好企业文化才能做好企业，就是强调企业上市才能做强做大；不是满嘴称赞西方现代企业管理模式，就是认为只有很牛的管理团队企业才能生存和发展；不是畅言“互联网+”的极致体验，就是推崇苹果产品的饥饿营销……他们从不关注产品本身，似乎只要按照西方的管理模式，任何一个产品都能卖得很好。

然而，陶华碧打破了很多传统的管理和营销观念。在市场营销中，她的模式简单实用——现款现货。不过，她在产品本身上下功夫，坚持品质取胜，信誉至上，口碑相传。

在陶华碧看来，好的口碑必须是建立在产品的基础之上，是口碑营销的灵魂。殊不知，陶华碧朴素的做法一直是中国诸多创始人追求的“老字号”作风，这不仅把握住了口碑营销的本质，同时也是最质朴的营销理论。

无可替代的产品优势是口碑营销的核心

一瓶看似普通、不足10元的老干妈辣椒酱，却获得全球

华人的一致好评，一度享誉世界。

值得称道的是，老干妈凭借纯口碑相传的营销方式，保持 20 多年销售额连续增长，并成为登上美国奢侈品销售网站的国际品牌。[①] 让善于炒作概念的企业家们不解的是，在老干妈几十年的发展和壮大历程中，始终秉承不打广告、现款现货、深度研发的经营策略。这似乎与现代企业的营销思想“格格不入”。

当我们研究后发现，任何一个企业在产业链中的地位，往往决定着该企业的话语权。反观老干妈，在产业链上看似强硬，其核心还是在于其拥有无可替代的产品优势。

1994 年，贵阳为了更好地发展，修建了环城公路。让人没有想到的是，昔日偏僻、似乎没有多大商业潜力的龙洞堡地区由于该公路的修建而热闹起来。环城公路的修建使得龙洞堡成为贵阳南环线的主干道，途经此处的货车日渐增多。

一般来说，货车司机的一日三餐大多数是在路边解决，就使得这些货车司机成为陶华碧所经营的“实惠饭店”的主要客源。

为了赢得这些货车司机的长期光顾，陶华碧开始向这些货车司机免费赠送自家制作的豆豉辣酱、香辣菜等小吃和调味品，深受货车司机的欢迎。

---

① 张平:《老干妈拒绝上市让谁汗颜》,《城市导报》2014 年 4 月 15 日。

经过货车司机的口头传播，“龙洞堡老干妈辣酱”的名号也因此在贵阳不胫而走，很多食客甚至为了尝一尝陶华碧加工的辣椒酱，专程从贵阳市区开车来到位于公干院大门外的“实惠饭店”购买辣椒酱。

对于这些慕名而来的消费者，陶华碧开始都是半卖半送。渐渐地，光顾的消费者实在太多了，陶华碧觉察到已经“送不起了”。于是，在 1994 年 11 月把“实惠饭店”更名为“贵阳南明陶氏风味食品店”，不再销售米豆腐和凉粉，集中销售辣椒酱系列产品。尽管陶华碧调整了销售产品的结构，但是小店的辣椒酱产量依旧供不应求。

在这样的背景下，陶华碧才开始扩大生产规模。不过，陶华碧的做法较为保守。她在确保质量的前提下，稳健地扩大老干妈辣椒酱的生产。正是在这种近乎苛刻的、匠人文化精神的自律下，陶华碧经营的老干妈辣椒酱的口碑越来越好。究其原因，无可替代的产品优势是口碑营销的核心，也是口碑营销的基础。

过硬的品质才能获得好口碑

众所周知，口碑的概念源于传播学，被很多商家广泛应用市场营销之中，因此才有了口碑营销。一般来说，传统口碑营销是指通过朋友、亲戚的相互交流将自己购买的产品和服务体验的信息或者品牌像病毒一样传播开来。

从口碑营销的含义不难看出，口碑营销的可信度较高，这是由于口碑传播的受众发生在朋友、亲戚、同事、同学等关系较为密切的群体之间，他们在购买产品和服务体验前，已经建立了一种长期稳定的关系，其效果更为有效。

相对于纯粹的广告、促销、公关、商家推荐等来说，口碑营销的可信度要高得多，影响也更大。因此，要想赢得口碑营销，必须拥有过硬的产品品质，仅仅靠炒作是无法获得好口碑的。

在中国企业界，很多所谓的“营销高手”总是在策划一些新闻事件，试图引起网友的关注。在他们看来，只要有传播，就能获得较好的口碑，甚至有所谓的“营销高手”以为只要做了口碑营销就能为自己的产品创造出良好的口碑。

其实，这样的做法是有失偏颇的。究其原因，较好口碑的形成，最基础的要求是产品的质量，一旦出现低劣产品，用户的体验自然很差，良好的口碑也就无从谈起。

反观老干妈的口碑营销，陶华碧始终坚持产品的品质，始终把品质稳定做到极致。因此，要想赢得消费者的口碑，过硬的产品品质才是形成好口碑的坚实基础，也是口碑营销的关键点，否则将被消费者摒弃。

在中国商业史上，被誉为“中国第一商贩”的年广久可算得上是响当当的人物，不仅是安徽“傻子瓜子”的创始人，还曾被邓小平同志提到过。

然而，究竟是什么原因使得这个名噪一时的“傻子瓜子”公司悄无声息了呢？这要从“傻子瓜子”公司自身说起。

据媒体报道，出生于1937年的年广久，十几岁就接过父亲的水果摊，并沿袭了父亲的“傻子”绰号。

20世纪70年代末80年代初，年广久投师学艺开创出独具风味的一嗑三开的“傻子瓜子”，名扬江淮。

1982年，旗开得胜的年广久高调宣布“傻子瓜子”将大幅降价，其降价幅度居然达到了26%。年广久的这一奇招使得“傻子瓜子”爆红。

在销售策略单一的20世纪80年代，年广久再一次掀起了促销风暴。1985年，年广久策划了一个“傻子瓜子”有奖销售活动，顾客每购买1公斤“傻子瓜子”，就可以获得奖券一张，凭这张奖券就可以兑现“傻子瓜子”公司的促销奖品。

尽管这样的促销在现今每个商家都在使用，但是，在20世纪80年代初的中国，这样的产品促销方法还不为人知。

当“傻子瓜子”有奖销售活动开展时，顾客纷纷购买“傻子瓜子”以获取奖品。在有奖销售的第一天就售出了13100公斤“傻子瓜子”，最多时竟然一天就销售了22万多公斤“傻子瓜子”。

然而，面对经销商大批量进货，“傻子瓜子”无法提供充足的货源。于是，年广久就采用了从其他公司大量购买非经自己制造和检验的熟瓜子，再贴上“傻子瓜子”的商标，去进行有奖销售。

让年广久没有想到的是，在这些外购的瓜子当中，竟然有很多是陈货、劣货。很快，很多经销商纷纷要求退货。

屋漏偏逢连夜雨，政府发布公告称，禁止所有工商企业搞有奖销售的促销活动。政府的这一禁令使得“傻子瓜子”公司所售出的奖券一律不能兑现，各地经销商纷纷退货。这使得“傻子瓜子”公司的瓜子大量积压，银行此刻也要求归还贷款，再加上公司又打了几场官司，“傻子瓜子”公司一下亏损150多万元，公司的信誉也降到了最低点，年广久也不得不吞下自己种下的苦果。

可以说，作为企业家，年广久是幸运的，邓小平同志提到过他。中国著名经济学家周其仁在谈及改革时曾拿年广久举例说：“比如傻子瓜子，当时雇到60个人，瓜子炒得好，把国营食品店的瓜子从柜台上挤下去，虽文化程度不高，但有营销技能，说几百万包瓜子里能嗑出一辆桑塔纳。八几年啊，嗑能嗑出桑塔纳，大家都嗑傻子瓜子了。市场规模大雇工人数就多，已经超过8个，而且达到80个，这个事情怎么定？谁也不敢定，芜湖市委不敢定，安徽省不敢定，报到农研室我们老板杜润生也不敢定，把事情、不同想法和意见厘清楚报给邓小平了，是小平定了。这个可以写进历史：炒瓜子要邓小平定。我听说邓小平第一次批的是五个字：‘先不要动他’。”

然而，年广久没有珍惜中央高层的关心，而是采用假冒伪劣产品以次充好，欺骗消费者。如果年广久在邓小平同志提到他的名字后能够从抓质量、抓管理入手，进一步寻求发展，那么年广久的前途是光明的。

现金流充裕，老干妈无意花费巨资上市

老干妈之所以不愿意上市，一个重要的原因是，公司的现金流很充裕。另外，在上市过程中会产生巨大的上市成本。与一切经营活动一样，企业上市也是需要成本的，而且成本非常高昂。

例如，2010 年 6 月，皮宝制药（现名太安堂集团有限公司）成功地在深圳中小企业板上市。据公开披露材料显示，在上市过程中，太安堂在信息披露方面的投入就高达 1000 万元。

按照相关规定，企业上市必须严格进行信息披露，主要形式就是在证监会指定的专业证券报上刊登有关的招股、上市文件。

让很多企业创始人没有想到的是，仅为满足这项条件，企业就要投入上千万元的费用。据了解，在企业上市成本的构成中，信息披露所支付的费用仅仅是一个小数目，企业支付给证券机构的承销费用更加巨大。

《经济观察报》曾报道，本报对此轮 IPO 重启以来的数据进行统计，有累计约 15 亿元路演推介费列支发行费用。如果按照新的政策，在 IPO 当年，这些创业板、中小板、主板公司平均每家企业将减少逾 420 万元、518 万元、856 万元利润。

以2009年上市公司净利润计算，IPO企业发行当年利润平均降低了7%以上。2010年上市的华平股份，72元的发行价中，每股的发行费用竟高达6.66元。双箭股份32元的发行价中，发行费用4.62元，占发行价的14.43%。[①]

在这组数据中，一个企业成功上市需要付出的费用往往较多，在公开材料中列出的费用数据仅仅是大部分。在这里，我们来看看“深圳证券交易所证券上市协议”附件中的收费明细表，见表3–1。[②]

表3–1 “深圳证券交易所证券上市协议”附件中的收费明细

收费项目	收费标的	收费标准	备注
上市初费	A、B股	总股本2亿元以下（含），30万元；总股本2亿元至4亿元（含），45万元；总股本4亿元至6亿元（含），55万元；总股本6亿元至8亿元（含），60万元；总股本8亿元以上，65万元	在此标准上减半取整收取，创业板再减半。总股本为A、B股合计
	优先股	试点期间按普通股标准的80%收取	
	可转换公司债券	上市债券总额0.01%，最高不超过3万元（暂免收取）	
	公司债券	暂免收取	

① 黄利明：《新规约束IPO发行灰色利益链》，《经济观察报》2010年8月23日。

② 《深圳证券交易所证券上市协议》，深圳证券交易所官网，2019年7月23日。

续表

收费项目	收费标的	收费标准	备注
上市年费	A、B 股	总股本 2 亿元以下（含），5 万元；总股本 2 亿元至 4 亿元（含），8 万元；总股本 4 亿元至 6 亿元（含），10 万元；总股本 6 亿元至 8 亿元（含），12 万元；总股本 8 亿元以上，15 万元	创业板减半征收。总股本为 A、B 股合计
	优先股	试点期间按普通股标准的 80% 收取	
	可转换公司债券	以 1 亿元为基数，每年缴纳 6000 元；超过 1 亿元的，每增加 2000 万元，年费增加 1200 元，最高不超过 24000 元（暂免收取）	
	公司债券	暂免收取	

在决定是否上市时，需要考虑其上市成本

回到老干妈上市这个问题上。一旦老干妈决定上市，就必须考虑其上市的成本。这些上市成本主要包括：税务成本、社保成本、企业上市筹备费用、高级管理人员报酬、中介费用、企业上市后的边际经营成本费用，以及风险成本，等等。

第一，税务成本。

企业一旦决定上市，就必须按照交易所的要求改制。当企业改制为股份公司前，通常需要补缴大量税款。一般来说，导致企业少缴纳或者没缴纳税款的原因有如下五个：①在很多传统企业，由于“五套账”（对工商一套账、对税务一套账、对风

投一套账、对银行一套账、对自己一套账）的存在，导致企业少缴纳或者没缴纳税款。②财务人员信息与业务信息不畅，导致少缴纳或者没有缴纳税款。例如，偶然发生的应税业务没有申报纳税。③税务与财务人员在计税基础的规定上不一致时，导致企业少缴纳或者没缴纳税款。④由于企业财务管理自身的不规范，收入的确认、成本费用的列支等，不符合相关的税法规定，从而导致少缴纳或者没缴纳足额税款。在创业初始阶段，由于规模较小，税务机关对企业实行核定征收、所得税代征等征税方式的情况下，许多企业对成本费用列支的要求不严，使得不合规发票入账、白条入账等情况大量存在。[①] ⑤由于处理关联交易不慎导致的巨额税务成本。新的所得税法和已出台的特别纳税调整管理办法对关联交易提出了非常明确的规范性要求。关联企业之间的交易行为如存在定价明显偏低现象，税务机关有权就其关联交易行为进行调查，一旦确认关联交易行为影响到少缴税款的，税务机关可裁定实施特别纳税调整。[②]

第二，社保成本。

在很多中小企业中，用工不规范较为普遍。有些企业为了偷逃税，常常采用降低社保基数、少报用工人数、以综合保险代替城镇社保、少计加班工资、少计节假工资等手段。在企业申请上市后，发审委会严格审查企业的用工规范问题。

---

① 周红：《企业上市全程指引》，中信出版社 2014 年版，第 34—38 页。

② 周红：《企业上市全程指引》，中信出版社 2014 年版，第 34—38 页。

第三，企业上市筹备费用。

如果老干妈进入上市流程，就必须开始进行相关的企业上市筹备。其间，老干妈需要按照上市公司的规范性要求，规范其各个职能部门，提高其相关的管理工作水平，同时必须组建一个专业的上市筹备工作团队，组织和协调整个上市的筹备工作。

鉴于此，上市筹备工作会产生相关的筹备费用，主要有如下几个方面：上市筹备工作团队以及各部门为加强管理而新增的人力成本，公司治理、制度规范、流程再造培训费用，为加强内部控制规范而新增的管理成本等。①

第四，高级管理人员报酬。

对于诸多中小民营企业，尤其是像老干妈这样的家族企业来说，一旦上市，就必须慎重地对待高级管理人员的薪酬问题，甚至还会增加高级管理人员的人数。研究发现，在大多数中小民营企业，尤其是家族企业中，为了满足企业上市的条件，规范公司治理，不得不增加更多的董事、监事会成员和高级管理人员，这无形中增加了相关的费用。

第五，中介费用。

在企业上市过程中，中介费用是必不可少的。究其原因，是专业的人做专业的事情。因此，企业能否成功上市，必须与

① 周红：《企业上市全程指引》，中信出版社 2014 年版，第 32—33 页。

中介机构合作才能实现。尤其是当下，由于市场准入的存在，由此产生的中介费用也成为企业上市的一个主要成本。

一般地，企业上市的中介费用包括如下几个方面：券商、会计师事务所、资产评估机构、律师事务所、其他咨询机构、财经公关机构，等等。

第六，企业上市后的边际经营成本费用。

在《迈向新蓝筹——在上海证券交易所上市》中提到，企业上市的好处有如下几个，见表 3–2[①]。

表 3–2　企业上市的好处

序号	内容
第一，丰富融资渠道，增强融资信誉	筹集资金，迅速提升实力，做大做强； 提高自身信用状况，享受低成本的融资便利； 拥有更丰富的融资、再融资、快速扩张渠道
第二，规范企业运营，吸引优秀人才	完善内部控制、规范治理结构以及完善各项管理制度，提高运营效率； 利用股票期权等方式实现对员工和管理层的有效激励，有助于企业吸引优秀人才，增强企业的发展后劲
第三，证明企业实力，提升企业形象	上市是对企业管理水平、发展前景、盈利能力的有力证明； 可提高企业知名度，提升企业形象，扩大市场影响力
第四，发现股票价值，增加其流动性	借助市场化评价机制发现企业股票的真实价值； 增加股票流动性，是兑现投资资本、实现股权回报最大化的有效途径
第五，改善资本结构，提高抗风险能力	企业建立直接融资平台，有利于提高企业自有资本比例，改善资本结构，提高自身抗风险能力

① 《迈向新蓝筹——在上海证券交易所上市》，上海证券交易所官网，2019 年。

当然，当上市带给企业品牌效应和信用升级的同时，也给企业带来相关的名誉成本。例如，随着企业的上市，会相应地增加相关的人力资源成本。当企业上市后，需要聘请一些高级的职业经理人，其薪资待遇要求也相应水涨船高。

第七，风险成本。

老干妈被资本市场看好的同时，也同样必须接受上市申报最终不能得到发审委通过的风险。一旦企业上市失败，无疑会使企业产生诸多的风险。第一，按照证券交易所的要求执行严格的信息披露，必须公开企业的基本经营情况，这是竞争者了解企业最直接的渠道，同时也增加了与竞争者市场较量的风险。第二，与中介机构合作时，提供给中介机构的大量企业的相关重要信息，同样面临流失的风险。第三，企业上市失败，导致改制规范过程中付出的税务成本、社保成本、上市筹备费用、中介费用等前期成本费用支出变成沉没成本，无法在短期内得到弥补。

在这里，我们来看一个真实的案例。

2013年5月31日，在中国证监会公开信息中，神舟电脑的名字赫然出现在终止名单里。据媒体报道，神舟电脑冲击IPO的时间长达9年，可谓是屡败屡战。

据了解，神舟电脑最终终止审查的原因，与其“人工美化”的业绩有关。回顾神舟电脑的上市之路不难发现，其道路崎岖，难以想象。

2005年，神舟电脑谋求在香港证券交易所上市，结果无功而返；2008年，神舟电脑再次冲击深圳中小板，结果却遭遇金融危机，不得不再次搁浅其上市计划；2011年3月，神舟电脑再次冲击深交所创业板，结果却因为自己的财务问题，上市申请被发审委拒绝；2012年7月31日，创业板发审委终于通过了神舟电脑的IPO申请。

按照上市流程，神舟电脑上市就只差一纸批文，却倒在“人工美化”的业绩上。在业内人士看来，神舟电脑被否，可能与过会后没有在2013年3月31日前提交相关的自查报告有关——这是中国证监会的强制性要求。

按照证监会的相关要求，在2013年3月31日前无法提交自查报告，发行人和保荐机构可提出终止审查申请，补交报告的时间延长至2013年5月31日。也就是说，神舟电脑一旦在2013年5月31日前依旧没有递交相关的自查报告，其IPO申请将按照程序予以终止审查。这样的结果意味着神舟电脑在冲击IPO长达9年共计4次之后，依然以失败告终。

在此次的专项检查中，终止审查的企业也在不断地增加。据证监会披露信息显示，截至2013年5月31日，共有269家企业被终止审查，为此前900余家“堰塞湖”

的 1/4 左右。[①]

神舟电脑的落败，引起各方的诸多猜测。原因是，按照证监会的要求，对于申报主板上市的企业，其净利润跌幅不得超过 30%；对于申报创业板上市的企业，只要业绩下滑即不允许上市。[②]因此，这样的财务要求被市场认为是导致此次创业板 IPO 审核风暴“重灾区”的关键所在。

在此次风暴中，神舟电脑正好获准登陆的就是创业板。然而在此之前，就有媒体披露神舟电脑涉嫌“粉饰”业绩。

原因是 2011 年，神舟电脑提出 IPO 申请被拒的一个关键理由就是，神舟电脑净利润与经营现金流存在明显差异；未能合理解释存货周转率逐年下降，但毛利率逐年上升现象；公司 2010 年营收增长主要来自电脑零配件销售，可能对公司持续盈利能力构成重大不利影响。[③]

时隔一年后，上述硬伤却被神舟电脑极速改善了，包括客户多变且采购数额暴增、PC 硬盘或少计成本、笔

---

① 赵阳戈：《神舟电脑 IPO 过会再落马 9 年冲击 4 次无果》，《每日经济新闻》2013 年 6 月 4 日。

② 赵阳戈：《神舟电脑 IPO 过会再落马 9 年冲击 4 次无果》，《每日经济新闻》2013 年 6 月 4 日。

③ 赵阳戈：《神舟电脑 IPO 过会再落马 9 年冲击 4 次无果》，《每日经济新闻》2013 年 6 月 4 日。

记本库存与当年产销量不匹配等。

上市成本增加，导致美国上市企业比例降低

因为存在上市成本等原因，老干妈不愿意上市，很多企业家难以理解其做法。一方面，源于对资本市场缺乏客观、理性分析；另一方面，源于中国当前盲目的资本运作。

可能让这些企业家不能接受的是，即使是资本市场最为发达的美国，其上市公司的比例也仅占 0.08%。对此，有研究发现，企业总数的减少是其关键原因，这从源头上抑制了上市企业的数量。

然而，这样的理论似乎并不成立。根据公开的数据显示，美国企业的总数一直在增长。1977 年，美国企业总数达到 3417883 个，上市企业占 0.14%；1996 年，美国企业总数达到 4693080 个，上市企业占 0.18%，达到高峰期；2012 年，美国企业总数依旧保持增长，达到 5030962 个，然而上市企业的比例有所下降，占 0.08%。从数据来分析，上市企业数目的下降，并不是企业数量减少的关键。①

不可否认的是，上市企业比例的下降，对小企业影响较为明显。数据显示，员工数量在 10000 人以上的企业，上市比例也有所下降，从 1996 年的 48.36% 下降到 2012 年的

---

① 吴婷：《美国的上市公司数为什么那么少？》，搜狐网，2016 年 2 月 23 日。

42.71%，降幅达到 11.68%；1000~2499 人的企业，上市比例的下降幅度较为明显，达到 53.11%；100~249 人的企业，上市比例下降的幅度非常大，达到 60.03%。[①]

这样的观点得到著名经济学博客“边缘革命”研究数据的证实。该研究显示，从 1997 年到 2013 年，美国上市公司数量不仅没有增加，相反却减少了近一半（从 1997 年的 6797 家下降到 2013 年的 3485 家）。

得出类似结论的还有美国国家经济研究局。在《美国的上市公司数为什么那么少？》报告中，美国国家经济研究局介绍，1996 年，美国上市公司的数目达到峰值的 8025 家，其后就开始进入下滑期；截至 2012 年，美国上市公司的数目仅有 4102 家，数目下降了将近一半。即便是与 1975 年的数据相比，上市公司数也下降了 14%。

相关数据还显示，20 世纪 70 年代初期美国企业数量比如今的美国公司数量还要多。当时，美国 GDP 不过是今天的 1/3。上市公司数量减少已经成为美国一种常见的现象，同时也影响了美国 90% 以上的行业。从行业分类来看，*Fama* 和 *French* 所划分的 49 个行业中，仅有一个行业（采矿业）2012 年的公司数目和 1996 年相同，其余 48 个行业的公司数目均出现了不同程度的下降。其中，下降程度最大的是金融交易行

① 吴婷:《美国的上市公司数为什么那么少？》，搜狐网，2016 年 2 月 23 日。

业，其公司数目从 1996 年的 693 家下降到 2012 年的 119 家，下降幅度超过 80%。这些发现引起了学术界的广泛关注，毕竟美国是公认的拥有发达金融体系的国家，其上市公司数目锐减与其金融地位大不相符。①

经过梳理发现，越来越多的美国小企业不愿意选择上市，原因有如下几个。

（1）《萨班斯法案》加剧了小企业的上市负担。《萨班斯法案》，又被称为《萨班斯－奥克斯利法案》，其全称为《2002 年公众公司会计改革和投资者保护法案》。该法案是由参议院银行委员会主席保罗·萨班斯和众议院金融服务委员会主席迈克·奥克斯利共同提出，因此又被称作《2002 年萨班斯－奥克斯利法案》。

制定《萨班斯法案》的起因是安然公司的财务造假丑闻事件。该事件发生后，《萨班斯法案》对美国《1933 年证券法》《1934 年证券交易法》做了大幅修订，尤其在公司治理、会计职业监管、证券市场监管等方面，添加诸多的新规定，强化了上市公司内部控制及报告制度。

根据《萨班斯法案》，但凡上市公司，必须在年报中提供内部控制报告和内部控制评价报告；上市公司的管理层和注册会计师都需要对企业的内部控制系统作出评价，注册会计师还

① 吴婷：《美国的上市公司数为什么那么少？》，搜狐网，2016 年 2 月 23 日。

必须对公司管理层评估过程以及内控系统结论进行相应的检查并出具正式意见。[①]

该法案的出台，极大地增加了公司的运营成本，对于小企业来说，影响更为深远，甚至是致命的。对此，美国莱斯大学的教授古斯塔沃·格鲁隆、加拿大约克大学的教授耶莱纳·拉金和瑞士日内瓦大学的经济学教授罗尼·迈凯利发表研究论文印证了这个观点。他们一致认为，美国企业总数量下降幅度远低于上市公司，部分的原因可能是上市公司受到法律约束，其中就包括《萨班斯－奥克斯利法案》。

当然，也有观点认为，美国企业总数小幅下滑，市场集中度上升，说明其市场竞争力已经下降。但是，美国总统经济顾问委员会的研究报告否定了这样的观点。该报告认为，市场集中程度更高了，同时行业利润也增加了。原因是，2018 年 8 月 3 日，苹果的市值突破了 1 万亿美元，CEO 蒂姆·库克实现苹果创始人史蒂夫·乔布斯的梦想。

短短的 20 多年间，苹果公司曾经濒临破产。由于乔布斯力挽狂澜，加上库克的接棒，才让苹果公司发展成为美国最有价值的公司之一。

苹果公司的成功，不仅是创新产品的成功，同时也极大地改变了人们的日常生活。此外，苹果公司的市值也显示了当

---

① 吴婷:《美国的上市公司数为什么那么少？》，搜狐网，2016 年 2 月 23 日。

前的一个事实——众多的超级大型企业登上历史舞台，统治和领导美国的经济。

这样的变化反映在股市上，例如，苹果、亚马逊、脸书和谷歌等一些家喻户晓的跨国企业，撑起美国近十年的牛市，同时也成功地拉动了美国经济的高速发展。当然，巨型企业利润集中化的影响范围不仅体现在股市上，还可能体现在其他方面，甚至这些影响并不完全都是有益的。

对此，一些经济学家开始研究所谓的“超级明星企业”的崛起是否会导致美国工资增长停滞、中产阶级数量萎缩，以及进一步拉大收入差距。这些超级企业在社会和政治方面的巨大影响力迫使一些立法者要求对它们进行更多制约。

日内瓦大学经济学教授罗尼·迈凯利就是其中之一。迈凯利坦言：这是我们经历的最重要的发展趋势之一……这真的关乎经济发展、经济不平等和消费者福利。

回顾过去几十年的历史发现，企业利润在美国企业中的分配格局已经发生明显变化。1975 年，美国 109 家企业获得的利润占所有上市企业所获得的利润总额的一半。

时至今日，据亚利桑那大学金融教授凯思琳·卡勒和俄亥俄州立大学经济学家瑞内·斯图尔兹的研究结果显示，美国 30 个公司获得的利润就占所有上市企业所获得的利润总额的一半。

两名经济学家——普林斯顿大学的简·德·洛克和伦敦大

学学院的简·埃克豪特察觉到这样的变化。2017年，他们发表的研究论文称，美国企业的产品生产成本和销售价格间的差距是自1950年以来的最高水平。

众所周知，产品生产成本和销售价格间的差距，是衡量企业市场权力的一个重要指标。日内瓦大学经济学教授罗尼·迈凯利、莱斯大学的古斯塔沃·格鲁隆和约克大学的耶莱纳·拉金撰写的研究论文也提到，根据赫芬达尔·赫希曼指数（赫芬达尔·赫希曼指数是反垄断管制机构以及其他组织用来分析企业合并案的标准公式），美国有超过75%的行业变得越来越集中。

对此，经济学家一致认为，企业集中化（包括公司规模和利润）的趋势是真正存在的，而且可能会持续下去。麻省理工学院经济学教授大卫·奥特尔说过，论述这个趋势的论文数量不计其数。

在美国的科技行业中，大型企业的利润占比高于从前，甚至利润集中化趋势越来越明显，尤其是一些高效的大型科技企业统治了美国经济中发展速度最快和最有活力的领域。例如，苹果和谷歌两个企业至少为99%的智能手机提供操作系统服务；又如，脸谱和谷歌两个企业，获取了59%的美国互联网广告收入；再如，在互联网购物方面，亚马逊已经拥有绝对控制优势，而且在音乐和视频流媒体等领域正在不断地快速发展壮大。

在美国金融行业中，5家银行控制着大概一半的资产。而在20世纪90年代，5家顶级银行仅仅控制20%的市场。在过去的10年中，6家美国最大的航空企业合并成了3家。4家美国企业控制着美国98%的无线市场，如果无线运营商T-Mobile和Sprint获准合并，那么企业将会降到3家。

当企业合并时，其利润将是增加的。约克大学教授耶莱纳·拉金说过，无论谁生存下来，都将产生更大的利润，能够给投资者带来更大的回报。

耶莱纳·拉金的研究对股市来说，的确是一个利好。2018年，脸谱、苹果、亚马逊、奈飞和谷歌母公司字母表5家企业获得的收益，约占标准普尔500股指所获收益的一半。苹果公司的市值当时是1万亿美元；其次是亚马孙，其市值超过了8800亿美元。

对于资本市场来说，只要能不断产生利润，这就是好事。科技公司的股价节节攀升，负责研究股市的投资公司*Bespoke Investment Group*的联合创始人贾斯汀·沃尔特斯说，那么股市上其他股票就很难熬了。

（2）价差变小，让投资银行放弃此块业务。由于美国自身市场环境的变化，直接传递到股票上，导致股票的买入、卖出价差变小。投资银行在展开此业务时，首先考虑自身的利润，由于利润变薄，使得投资银行不再承接为小公司提供上市服务或提供分析报告的业务。

（3）小企业被大型集团企业或者其他企业并购，然后退市。当然，仅仅从企业创始人抗拒上市甚至是不愿意上市去分析，这样的逻辑是可以解释美国新增上市公司数量减少的原因，却不能解释美国上市企业总数下降的关键因素。

资料显示，1997 年后，退市企业数量开始超过新增上市企业数量是导致总数下降的一个原因。

研究发现，退市公司主要分为三种：①自愿退市，如上市公司不愿意披露信息而选择退市；②被动退市，上市公司因不满足上市要求而退市；③被并购。由此可以看到，被并购也成为上市企业退市的一个重要原因。

当然，小公司之所以愿意被并购，可能是恶化的经济环境导致自身很难通过稳定的发展盈利。尤其是在当今科技进步如此迅速的环境下，小公司的最佳盈利模式是通过被别的公司并购的方式扩大规模，而不是成为一个依靠自身力量发展的独立企业。[①]

基于此，由于上市会影响中小企业，尤其是会产生诸多不利影响，越来越多的风险投资者通常以并购的模式，而不再以传统的上市方法作为自己退出的模式。

① 吴婷:《美国的上市公司数为什么那么少？》，搜狐网，2016 年 2 月 23 日。

第四章

做本行，不跨行，做专做精

在接受媒体采访时，陶华碧用自己朴素的语言总结说道："不要去贪大，要先把自己做强。"

这样的观点看似简单，实则是解决当前企业边界扩张问题的一剂良药。原因是，在创业过程中，对于"摊子铺得过大"导致创业失败这个问题，许多创业者都深有体会。

"摊子铺得过大"可以说是创业者的一个通病，许多创业者在取得一点成绩之后就沾沾自喜，于是开始过度地"铺摊子"。

当然，"摊子铺得过大"并不是创业者的专利。在诸侯混战的时代，诸侯同样也是喜欢盲目扩张的。在中国历史上，有一个非常著名的战役——赤壁之战，曹操几十万大军居然大败，从此一蹶不振。

曹操赤壁之战的失败就在于其扩张战略的失败。曹操平定北方之后，开始南下，轻松得到了荆州。曹操对自己战术层面的能力过于自信，在荆州立足未稳就盲目扩张，南下攻吴，致使其统一天下的整体战略彻底失败。实际上，荆州是东吴的要害，所谓"敌之要地即我之要地"。对此，曹操和谋士们都有所疏忽，没有认识到巩固荆州大后方的重要性。

当我们回过头来分析一些中国企业的死亡过程

就不难理解，有非常多的企业犯了和曹操一样的毛病——根基不稳就盲目扩张。刚在某一行业打下一点基础，有了一定的知名度，还没有完全站稳脚跟，就去进行多元化扩张，向自己不熟悉的行业挺进，却没有相应的人才、资金、管理作为扩张的坚强后盾，结果只能是全军覆没。

“做本行，不跨行，就实实在在把它做好、做大、做专、做精。”

在老干妈的发展中，始终坚持做专、做精，稳步发展，尤其是扎根辣椒酱行业深耕，由此奠定了其在辣椒酱行业冠军的地位，同时创造了老干妈的辉煌战绩。

专注和坚守某一个领域，这样的模式似乎与当下激进的策略格格不入。当下，有些企业一旦把规模做大，不是涉足房地产，就是拓展自以为是的多元化市场。而陶华碧及接班人掌控的老干妈，至今也没有涉足地产、医药等行业。

“有多大本事做多大的事。”这是陶华碧在接受媒体有限的几次采访时多次说过的话。陶华碧说道：

> 我做本行，不跨行，就实实在在把它做好、做大、做专、做精。钱再来得快，也不能贪多。

或许正是因为陶华碧朴实的商业逻辑，步步为营，最终才成为辣椒酱行业的领导者。

“就实实在在把它做好、做大、做专、做精。这也做那也做，你哪有那么多的精力？”

20 世纪 90 年代，中国迎来了新一轮下海潮。1996 年，58 岁的三株创始人吴炳新正处在自己的高光时刻，当时三株年销售收入高达 80 亿元。

与吴炳新相比，同年的巨人集团创始人史玉柱却遭遇人生的至暗时刻。为了寻求出路，史玉柱北上济南找寻吴炳新取经。

席间，吴炳新告诉史玉柱：“天底下黄金铺地，哪个人能够全得？”与吴炳新有类似观点的还有美国股神沃伦·巴菲特，他在公开场合说过：“只有当大潮退去的时候，你才能知道谁在‘裸泳’。”

上述两位企业家虽然处于不同领域，却同样警示企业家不要过于贪婪。然而，改革开放 40 多年来，很多企业家正是因为自己的贪婪，一个接一个倒在创业大潮中，只有一小部分企业活了下来。

与那些贪婪的企业家不同的是，一些企业家始终坚守稳健的企业战略，结果“活”得更好。在诸多稳健战略的企业中，老干妈就是其中一个。

回顾老干妈的发展，陶华碧始终坚持做本行、不跨行。

接受媒体采访时，陶华碧这样说道：

> 我做本行，不跨行，就实实在在把它做好、做大、做专、做精。这也做那也做，你哪有那么多的精力？

话语虽然朴素，却能保证老干妈专注在辣椒酱领域，利用其有限的资源，拓展其巨大的市场份额。

据相关资料统计数据显示，2011 年，中国辣椒酱的产量高达 365 万吨，同比 2010 年增长 14.06%；2016 年，中国辣椒酱产量高达 546 万吨，详见图 4–1。

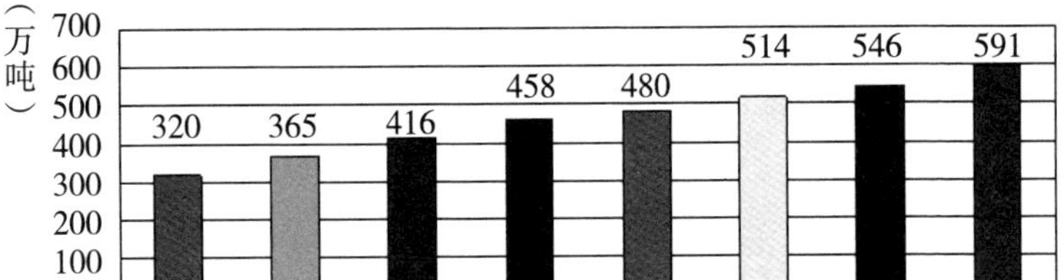

图 4–1　2010~2017 年中国辣椒酱产量增长走势

从这份数据中不难看出，辣椒酱已被中国普通家庭及各类食品行业广泛使用。例如，辣椒酱用来与各种蔬菜或者与肉类混合制作各种食品，或者制作炖菜、汤类及调料酱。辣椒酱独特的味道和保健功能无疑催生其在中国市场消费量和贸易量的不断上升。

根据相关统计数据显示，2013 年，中国市场辣椒酱的消费量达到惊人的 417.5 万吨；2016 年，达到 501.8 万吨；2017 年，达到 540 万吨，见图 4–2。

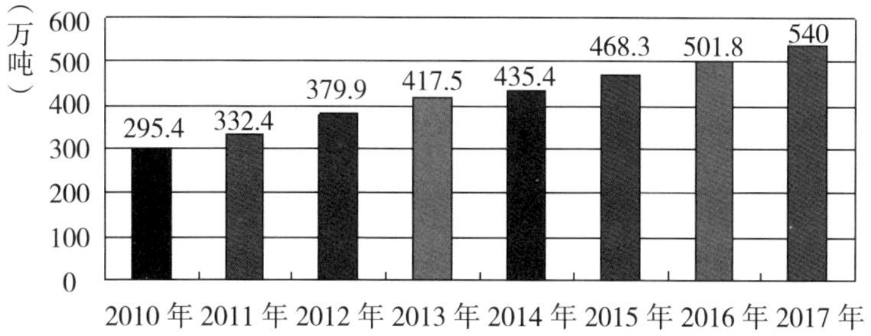

图 4–2　2010~2017 年我国辣椒酱消费量增长走势

从图 4–2 可以看出，辣椒酱作为当下中国消费者调味品的一个热门品类已经是不争的事实。根据中华人民共和国工业和信息化部相关数据显示，目前，中国调味酱的市场规模高达 400 亿元，其中辣椒酱的规模达到 320 亿元。

这与前瞻产业研究院发布的研究监测数据相吻合。根据华经产业研究院的数据显示，近年来，我国辣椒酱市场规模保持稳步增长，2021 年其市场规模约为 455.5 亿元，同比上升 3.03%。

“七八年前，就有官员说让我们走多样化，比如可以做些房地产。但是我母亲坚持不做。”

改革开放40多年来，多元化一直是中国企业家始终绕不过去的一个话题。在这个遍地是机会的时代，企业家的成功，似乎掩盖了多元化自身的问题。其中，就包括巨人集团创始人史玉柱。

巨人集团倒下后，史玉柱曾反思道：那时候，头脑发热，做过十几个行业，全失败了。比如，当时做的脑黄金、巨能钙、治心脏病的药及我们的老本行——软件、计算机硬件。当时传销还不算违法，还成立了一个传销部开始研究传销。（传销）队伍刚培养好，国家（开始）说传销违法了，最后那批人就解散了。

当史玉柱经历至暗时刻时，陶华碧才刚起步。反观老干妈的发展过程，其路径相对稳定，尤其是陶华碧始终坚持不贪大，先把自己做强。

为了揭开老干妈为什么专注的问题，凤凰网资讯以“也有很多企业做大做强以后，开始走多样化，涉足最赚钱的行业。你们有没有心动过”的问题采访了陶华碧的小儿子李辉。

李辉坦言，赚钱的机会是很多的，也包括官员的推介。李辉介绍说：

七八年前，就有官员说让我们走多样化，比如可以做些房地产，但是我母亲坚持不做。如果当时做了，今天钱可能不是问题，但辣椒酱还能不能走到今天就不好说了。我母亲说，不要去贪大，要先把自己做强。吃的东西祖祖辈辈都可以延续下去。

在陶华碧看来，贪大会影响老干妈的未来，坚持“有多大能力做多大事情”，集中精力研发辣椒酱产品，使“吃的东西祖祖辈辈都可以延续下去”。这样的经营风格是打造百年老店的基础。

老干妈坚持做本行的战略是可以找到相关的例子的。2006年，美国《家族企业》杂志就公开了全球最古老的家族企业排行榜，排在第一名的就是日本的金刚组，该企业拥有1400多年历史。

据了解，创办于公元578年的金刚组，是一家日本建筑公司，是世界上现存最古老的家族企业。

资料显示，位于日本大阪的四天王寺，至今香火鼎盛，该寺被视为日本飞鸟时代的代表建筑，其间7次被破坏，屡次被修补。

金刚组的历史就是从建造四天王寺开始的。公元578年，日本敏达天皇6年，圣德太子为庆祝灭掉6世纪时期的废佛派执政官——物部守屋，祈求法神四天王，庇佑佛法及信众，下令修建四天王寺。

时值日本飞鸟时代，兴建四天王寺需要懂得最尖端的技术的工匠。圣德太子下令从韩国百济招请匠人柳重光兴建四天王寺。

在《日本书纪》中，就有为建难波之寺，自百济国招来造寺工匠的记载。[①] 在金刚组的发展历史中，主要业务还是建造佛寺。

公元 607 年，金刚家族设计并建造了法隆寺，这也让金刚家族声名显赫，可以说，其技艺已经达到了日本木造建筑的高峰。四天王寺和法隆寺的构筑施工方法至今仍被沿用，其设计和建造方法都记录在金刚组《施工方法汇编》一书里。

由于四天王寺和法隆寺的影响，柳重光的子孙亦因兴建该寺而备受重视，由他们组成金刚组，至今已传至第 40 代。金刚组的企业架构分成多个小组，5~8 人为一组，各组保持其独立性，互为竞争关系。小组会集中改良固有技术，接单时总部会评估各组的能力，借以决定由哪一组承办工作。

金刚家族第 40 代会长金刚正和在接受媒体采访时坦言："我们公司能生存这么久其实没有什么秘密。正如我常说的，坚持最基本的业务对公司来说非常重要。"

在金刚正和看来，无论是经济繁荣还是衰退，专一于自

① NHK. 日本企业长盛不衰的奥秘，2007 年 6 月 18 日（注：此处资料来源于一部日本纪录片，根据视频录入文字）。

己的核心业务永远是生存之道。正是因为专注寺庙建设，金刚组才发展至今。

然而，在发展过程中，由于社会的变迁，金刚组和其他企业一样，同样历经多次危机，甚至还多次差点倒闭。

金刚组的第一次危机是在19世纪的明治维新后，由于日本明治政府强化脱亚入欧，导致一些日本人公开反对佛教运动，使得许多寺庙被毁掉，金刚组经营惨淡。

金刚组的第二次危机是在1934年，当金刚组传至第37代时，世袭传人却无意经营寺庙建设和修建，金刚家族只好任命第37代嫡孙之妻担任会长，这才避免了金刚组的解散。

金刚组的第三次危机是在第二次世界大战期间，由于日本政府发动了侵略战争，金刚组也因此差点倒闭，之后通过制造军用木箱，这才渡过难关。

金刚组的第四次危机是在20世纪90年代，由于日本遭遇了泡沫经济，使得金刚组的经营异常困难。

20世纪90年代开始，日本经济开始下滑，特别是泡沫经济破灭之后，日本经济严重衰退，消费者购买力相对下降，而负债严重的金刚组终于在2006年宣布清盘，资产由高松建设在2005年11月创建的同名子公司“金刚组”接管，金刚组重回老本行，专做寺庙建筑。在清盘前，金刚组2005年财政年度收入为75亿日元，有100名员工，经点算后，负债额为40

亿日元。[①]

长寿企业金刚组为什么会因负债累累而面临经营危机，甚至一度濒于破产边缘呢?

对于这个问题，时任金刚组第 39 代会长的金刚利隆坦言，原因在于没能恪守祖传的戒律。

在接受 NHK 采访时，金刚利隆曾反思：必须把精力集中在长年来从事的神社佛阁的工作，不可不自量力，提倡埋头本行。严戒盲目多样化经营的这个经营哲学被忽视了。

由于木制建筑改造费用过于高昂，日本的寺院开始用水泥建筑来替代木质建筑。为了维持金刚组的市场份额，金刚利隆也开始尝试搞水泥建筑。然而，由于大承包商势力强大，不怕激烈价格竞争，金刚组不惜亏本承接工程无疑导致了巨额的亏损。为填补亏损，金刚组又涉足公寓建设，结果使得经营状况雪上加霜。

为了了解金刚组真实的投资决策，日本放送协会以“原本在神社佛阁方面明明拥有一技之长却参与了并不拿手的公寓之类的，而那是劲敌的地盘。有竞争对手，结果怎样呢”[②]为内容采访了金刚利隆会长。

金刚利隆承认：有点招架不住了，但还是想要赢，只好

① 赵萌：《日本企业长寿密码》，《世界博览》2013 年第 10 期。

② NHK. 日本企业长盛不衰的奥秘，2007 年 6 月 18 日（注：此处资料来源于一部日本纪录片，根据视频录入文字）。

再降价。比如3亿日元的工程，2亿5千万日元就接下来了。结果赤字越来越大。

可能读者会问，金刚组不是应该在自己最擅长的领域，“在力所能及的范围内决胜负”吗？对此，金刚利隆反思道：“都因为我这样子，过于出头露角了。大家认为这样不行。”

在发展过程中，金刚组试图把公司的命运寄托在不能发挥自身一技之长领域的第39代会长身上，从而引发了经营危机。专心致志、秉持老本行之重要和艰难由此可见一斑。[①]

资料显示，金刚组如今在日本大阪当地建筑公司的援助下，已经重建。重建后的金刚组决心立足本行，开拓业务。

不仅如此，金刚组的100多名庙宇木匠，并没有因为公司遇到经营危机就辞职。他们致力于让传承千百余年的技艺、士气薪火相传。其中一位木匠接受日本放送协会的采访时提到，韩国木匠1000多年前来到日本，他们的技术今天仍在被使用。这些技术我们要一直传下去。这些技术当然不能让它失传，必须好好保护传统的东西。

传承技术的信念使得100多名木匠能够齐心协力地靠老本行创出业绩。金刚组已经着手宣传木造建筑的经久耐用性，且他们已经积累了大量的木造建筑修复技能。

在木造建筑修复方面，金刚组建议，没有必要将木造建

① NHK. 日本企业长盛不衰的奥秘，2007年6月18日（注：此处资料来源于一部日本纪录片，根据视频录入文字）。

筑改为水泥建筑，木造建筑同样也能长久地维持，同时还能降低维护费用。有些在外表上无法发现的建筑破损，只要经过专家的锐眼辨别，就能找出需要修复的部位，即使是建了300年的寺院天花板上的木材折断了，根据专家的判断，也是完全可以修复的。在金刚组的木匠看来，经过修复的木造建筑依然能重获新生。比起寿命为100年的水泥来，木造建筑更加结实坚固。

金刚组宫大工（从事神社佛阁的建筑、补修的大工——木匠）金谷雅宏说："凡我们经手的必须最少维持150年，依靠我们的技术使它重获新生。在寺院漫长的历史中，这一段时期重现它的原貌传给后人，希望将来成为文化遗产。"

重回本行的金刚组的名声在寺庙间逐渐传开，业绩也开始渐有起色。不过，金刚组营业课长芦田建司在接受日本放送协会的采访时坦言：不能因为价格竞争激烈就随波逐流。这样会丢失我们的个性，还是应该持之以恒。金刚组的个性，我们的特性，绝对不能忘记。要一直坚持下去，过去是这样，现在也是，未来也是如此。

从日本放送协会的纪录片中不难看出，拥有1400多年历史的金刚组，除了短暂从事过现代民用建筑行业之外，一直坚持用传统技法修建日式寺庙、园林，使得金刚组成了日本古建筑领域最权威的公司。

事实证明，历经漫长历史的长寿企业，它们的共同点是都重视本色行当。正是金刚组公司重视本业，世界上最古老的家族企业的宝座才名正言顺。当然，日本长寿企业的经营者往往采用细水长流、连绵不绝、不追求眼前利益的经营理念。

对此，长寿企业研究专家在接受日本放送协会采访时曾说过，重操本行的金刚组做出了正确的选择。这就是“制造东西”的精神，用自己灵巧的双手制作东西，而现在的社会也为他们提供了施展才华的机会。如果要说优势在哪里的话，能使这些人的才能和经验得到百分之百的发挥，这才是事业成功最重要的因素。

“这也做那也做，你哪有那么多的精力？我一心投入辣椒行业，越做越大，而且要做好。钱再来得快，也不能贪多。”

在老干妈的发展过程中，陶华碧就选择了“滴水成河，把一个行业做精”的经营策略。陶华碧说：“我做本行，不跨行，就实实在在把它做好、做大、做专、做精。这也做那也做，你哪有那么多的精力？我一心投入辣椒行业，越做越大，而且要做好。钱再来得快，也不能贪多。”

陶华碧在做强老干妈的过程中，始终清楚在经营中必须坚持有所为和有所不为。陶华碧在公开场合所言的“有多大能力做多大事情”，这样的指导思想自然影响着老干妈的企业战略。

“多元化的要求是非常高的，每多一元，其实对企业是增加一分的风险。”

在中国企业家中，关于是否多元化的问题，史玉柱是有发言权的。在湖畔大学的讲台上，史玉柱以自己经历的失败反思了多元化的看法：你到底要不要多元化，其实是看你这个企业有多大的能力。多元化的要求是非常高的，每多一元，其实对企业是增加一分的风险。

在史玉柱看来，是否多元化取决于自己，尤其是在人才、现金净流入等风险的把控能力上。史玉柱说道："我觉得创业的时候就讲生态是不对的，你还是个空盆呢，你搞一堆空盆，1 个空盆和 10 个空盆，连在一起有啥区别嘛。"

回顾创业之路，史玉柱总结过，1989 年创业，1992 年开始搞多元化，1994 年、1995 年一直多元化方面深化，到 1996 年初现金流开始紧张，1997 年初整个危机爆发。

身处危机之中的史玉柱并没清楚地意识到问题的严峻，最终导致资金链断裂。在整理老干妈的资料时发现，陶华碧这样崇尚实业的企业家在贵州省可不算多，很多企业家都在强调多元化，强调政商关系，强调资本经营。陶华碧却始终坚持"不要贷款、不要参股、不融资、不上市"，似乎与当下浮躁的现状格格不入。

在一些媒体的报道中，贵阳市政府也多次期望老干妈能够融资、多元化，以做大老干妈来拉动贵州的影响力。在政府的介入下，必然会给老干妈诸多"好处"，如银行贷款、土地优惠等政策。

面对如此多的诱惑，陶华碧始终没有动摇，而是坚持稳健的企业发展战略，坚持自己的选择——做本行，不跨行。用陶华碧的话说就是"我只晓得炒辣椒，我只干我会的"。陶华碧懂得，只有不涉足房地产、新能源项目，才能做专做精自己的本行。即使是食品行业的果蔬罐头、豆瓣酱品类她也没涉足。

在陶华碧看来，做强犹如挖井一样，不在于有多宽，而在于有多深。只要坚持挖一口井，挖到水是必然的，如果贪大，遍地开花，必然是挖不到水的。不信，我们从一个真实的案例开始谈起。

2008 年，金融危机席卷全球，作为出口大国的中国也未能幸免。这场金融危机作为一个导火线，引燃了中国诸多家族企业的倒闭潮。

当企业家谈金融危机色变的时候，一个叫包存林的老板因为资金链断裂而自杀了。这条消息犹如一个重磅炸弹在兴化乃至泰州的街头巷尾炸开了。很多兴化乃至泰州人都在谈论着这件事情，因为包存林是不锈钢城的大佬级人物，生产不锈钢的 1000 多家企业，几乎都知道包存林。

通过媒体的报道可知，包存林是江苏兴利来特钢有限公司总经理，兴化不锈钢业领军人物之一。其经营的江苏兴利来特钢有限公司年产值 6 亿 ~10 亿元，利税 1 亿多元。这样的规模在整个戴南企业中能排进前三名。

可能读者会问，包存林是兴化不锈钢业领军人物之一，该公司业绩如此辉煌，这个亿万富翁在事先没有任何征兆的情况下，为何突然自杀呢？

对于包存林的死亡，据知情人介绍，恰恰是因为包存林铺的摊子太大了。这个观点得到戴南镇同样经营不锈生产的一位企业主的印证。该企业主在接受媒体采访时指出，包存林的负债主要是因为2008年兴利来的超速扩张。兴利来是大企业，从原料、生产、销售等各个环节都有涉足。

据兴利来一位不愿意透露姓名的员工透露，除了高速扩张以外，库存过高是资金紧张的又一个原因。

据介绍，为了融资，包存林先后向各大银行借贷数亿元，还贷成了其沉重的包袱，特别是在金融风暴使得不锈钢行情总体不景气的情况下。业内人士介绍，2008年以来，不锈钢行业遇到了前所未有的“寒流”，当地已有半数不锈钢经营者选择了停产或半停产，同比2007年当月，产值至少缩水了六成。拿不锈钢主材料之一——镍板来说，2007年其价格每吨还在42万元左右，而2008年已经跌到7万元，不锈钢成品的市场需求和价格同时出现了大幅度的下滑。包存林2007年在高价位时曾购买了大量的镍板，在2008年不锈钢成品销售价格低、销售量小的情况下，势必亏损严重，资金不能及时回笼。

包存林经营江苏兴利来特钢有限公司，产值曾达6亿~8

亿元，是江苏不锈钢行业的龙头企业之一。据称包存林曾服安眠药后被救，后在身上绑了重物投湖自尽。是什么原因导致包存林两次自杀呢？

反观本案例，兴利来特钢有限公司2004年实现产值2.2亿元，利税4000多万元。2005年，为了做大做强兴利来特钢有限公司，包存林新征328亩土地用以扩建、新上680热连轧生产线等，投产后年销售可达5亿~10亿元。新项目上马竣工后，年产值将达到6亿~10亿元，利税1亿多元。正是这个新项目导致包存林“无路可走了”；但也有人认为，按包存林现在的资产还不一定就资不抵债，是他自己心理压力太大，接受不了一些事实，过不了一些坎。就像知情人介绍，恰恰是因为包存林盲目多元化，铺的摊子太大了。

盲目多元化的结局只能是失败

在20世纪90年代的中国大陆，多元化成为诸多创业者绕不过的话题。在这个“遍地机会”的时代，似乎只要多元化就能成功。

然而，跑马圈地的结果，使得越来越多的创业者陷入了被动之中。在这场轰轰烈烈的多元化实践中，史玉柱就是一个多元化的受害者。

为此，史玉柱就曾公开反对多元化：但凡是鼓吹自己多元化的，3年就会经营困难；不过5年，就会完蛋。民营企业面临的最大问题，不在于你有没有发现机会的能力，而在于你能不能抗拒各种机会的诱惑。

史玉柱反对多元化的理由很简单——自己在多元化中栽过大跟斗。让时间回到 20 世纪 90 年代。1994 年 8 月，在国外软件企业拓展中国市场的过程中，不仅抢走了汉卡的市场份额，同时还侵占了巨人集团其他软件产品的生存空间。

其后，急于从 IT 困境中突围的史玉柱不得不把突围的方向转向保健品，于是斥资 1.2 亿元，开发全新的产品——脑黄金。让史玉柱没有想到的是，脑黄金产品意外走红。

资料显示，1994 年 10 月至 1995 年 2 月，短短 4 个月的时间里，在供货不足的情况下，脑黄金的销售回款竟然突破 1.8 亿元。

此刻，史玉柱看到了“暴力营销”的巨大作用。1995 年 5 月 18 日，巨人集团更是将“暴力营销”做到了极致，同时在中国大陆地区上百家报纸刊发整版广告。

当脑黄金取得开门红之后，巨人集团还推出保健品、电脑和药品三大系列 30 个新品。在 30 个新品中，自然又以保健品为主，总共推出 12 个品种，包括减肥、健脑、醒目、强肾、开胃等。

广告发挥了巨大的作用。短短的 15 天之内，经销商的订货量就突破 15 亿元。在当时，行业巨头三株、太阳神等保健品企业，仍然在农村做刷墙体广告，胆大的史玉柱却通过铺天盖地、无孔不入、“狂轰滥炸”式的广告策略以及自身的渠道建设和严格管理，让一款全新的保健品家喻户晓。不到半年，巨人集团的子公司就从 38 家发展到了 228 家。

在取得阶段性成果之后，1996 年初，史玉柱发起了“巨不肥会战”，以“请人民作证”的口号再次在全国掀起了保健品热销的狂潮。

此刻的史玉柱跟其他多元化的创业者一样，面临着扩张后的管理不善。资料显示，由于史玉柱的盲目扩张不仅导致脑黄金保健品管理不善，同时还导致脑黄金市场迅速萎缩。

在史玉柱疯狂的多元化战略中，遭遇惨败也只是早晚的问题。在 1997 年之前，在史玉柱盲目多元化的过程中，作为创业者的步步高电子公司创始人段永平就曾经给予史玉柱不要盲目多元化的忠告：做企业就好像高台跳水，动作越少越安全。

然而，由于此刻的脑黄金名噪一时，再加上史玉柱正处在多元化的冒进之中，自然也就没有过多地琢磨段永平的告诫。

当遭遇失败之后，史玉柱明白了段永平当初的忠告：在中国，多元化的企业除了复星之外，成功的没几个。中国企业家 10 年前的最大挑战在于占据机遇、把握机遇。随着 10 年来经济法制的进一步规范，使得各行各业进入白热化的竞争阶段，所以现在企业家的最大挑战在于是否能够拒绝诱惑。以前各行各业的竞争不激烈，你什么也不懂，但只要你进去别人没进去，你就很容易赚到钱。现在竞争激烈了，专业化是非常必要的。但是我们许多民营企业还是沿用过去的思维，即便现在我也有这种认识，但有几次我也没忍住，把投资报告提交给（决策）委员会，都被枪毙了。专业化不仅对中国企业适用，全球行业的发展趋势肯定也是要走专业化道路。

史玉柱经历的失败，在很大程度上都是“多元化”惹的祸。对于当时违背经济规律的做法，史玉柱认为是所谓的“多元化经验”。

史玉柱回忆道，比如巨人汉卡，（当时）巨人汉卡确实做得不错，销售额也很大，利润也很可观，在同行业里面已经算是佼佼者了。但是很快我们就以为自己做什么都行，所以我们就去盖了房子，搞了药，又搞了保健品。保健品脑黄金还是成功的，但是脑黄金一成功，我们一下子搞了 12 个保健品。然后软件又搞了很多，又搞了服装。

在 20 世纪 90 年代的中国大陆地区，倒下的不仅是史玉柱所创建的巨人集团，同时期倒下的还有另外一个保健品企业——太阳神。

1987 年底，“黄江保健品厂”在广东东莞黄江镇正式挂牌营业，这就是太阳神的前身。

谈到太阳神，就不得不提太阳神集团创始人怀汉新。

在20世纪80年代末期的广东省，在一片淘金热中，怀汉新就是这样一个时代的弄潮儿。

1988年初，在全民经商的号召下，果敢的怀汉新毅然辞去公职下海了。在当时，怀汉新只不过是一项生物健技术的持有人。

在怀汉新看来，该生物健技术有着巨大的市场潜力，于是就大胆地投入“生物健技术”了。1988年8月，“太阳神”正式宣布全面启用整套CIS设计用于营销推广，将“黄江保健品厂”的厂名、商品名和商标统一变更为“太阳神”。

其后，“太阳神”迅速崛起，红遍大江南北，当年实现销售收入750万元，比预期整整高出10倍以上。1990年，“太阳神”的销售额达到2.4亿元。1992年，“太阳神”成为资产总值高达7亿元的企业集团。

自此，没有人能否认“太阳神”在中国保健品行业的霸主地位，其市场份额最高时竟然高达63%。

起初，“太阳神”的企业发展战略坚持“以纵向发展为主，以横向发展为辅”，即以保健品发展为主，多元化发展为辅。但是到了1993年，“太阳神”开始转变战略，一改纵向发展与横向发展齐头并进的战略。在短短的一年时间内，竟然上马了包括石油、房地产、化妆品、电脑、酒店等在内的20多个项目，甚至还在新疆、云南、广东和山东等地相继组建成立了“经济发展总公司”，主要进行大规模的收购和投资。

从 1992 年到 1993 年短短两年的时间里，“太阳神”却把大部分销售收入资金转移到这 20 多个项目，转移资金高达 3.4 亿元。尽管注资 3.4 亿元，但是这些项目都没有起色，而投下的 3.4 亿元就这样血本无归了。1997 年，太阳神已经全年亏损 1.59 亿元。它在香港的股价由前一年的每股 2.2 澳币惨跌到 9 分港币。

在业内，对于多元化存在两种截然不同的观点：一种观点认为，企业经营者利用现有的资源，涉足多元化经营，既可以规避把鸡蛋放到一个篮子里的风险，又可以实现资源共享，产生“1+1 ＞ 2”的效果，是解决专业化坡顶的突围之路径。

另一种观点认为，企业经营者拓展多元化经营，既会造成人、财、物等资源分散，尤其是对于那些中小企业，同时还增加了管理的难度，降低竞争优势。

客观地讲，不管是多元化经营战略，还是专一化战略，其本身并不存在优劣之分。成败的关键在于企业所处外部环境及所具备的内部条件是否符合多元化经营的要求。一旦相符，就可能成功，否则，就可能会遭遇失败。

反观“太阳神”，在完成早期积累步入持续发展阶段时，管理层一致认为，什么领域利润高，就进入什么领域。正因为如此，最终使得太阳神因为多元化扩张而陷入重重危机中。

在上述案例中，不管是珠海巨人集团多元化失败，还是“太阳神”的多元化失败，抑或在中国大陆地区自 20 世纪 90 年代以来一些企业进行多元化扩张并最终失败，这些教训都在警示着中国大陆地区的创业者，在创业过程中，一旦盲目进行多元化扩张，必然遭遇巨大危机，甚至惨遭失败。

在一些场合下，史玉柱告诫创业者：中国民营企业面临最大的挑战不是发现机会的能力，而是领导者的知识面、团队的精力、企业的财力问题。现在各领域的竞争都是白热化，企业只有集中精力，形成核心竞争力才能立足，否则就会一夜间完蛋。

为了让投资决策更加理性化，在企业项目投资时，史玉柱把企业“国王”的位置一分为三：（1）所有者；（2）经营者；（3）决策者。见图 4–3。

如图 4–3 所示，作为巨人集团创始人的史玉柱，在投资

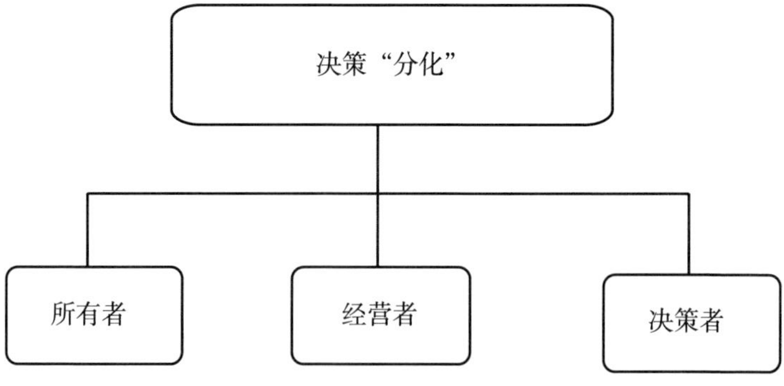

图 4–3　史玉柱决策“分化”示意

项目时必须经过领导层讨论通过后方能生效。比如，在上海健特，总裁是原来珠海巨人集团的常务副总裁，其他四位副总裁也都是原珠海巨人集团的副总裁，公司高级管理者有 2/3 是原珠海巨人集团的。

作为创始人的史玉柱，担任的仅是决策顾问的岗位。作为“决策顾问”，史玉柱就不能享有老板的绝对权威。尤其是经历过第一次创业失败后，在创建的新公司体系内部设立了 7 个人的决策委员会，当有新项目时，共同投票决定提名的项目。一旦决策委员对某些项目存在争议，最后由办公会议决定。

可能读者会问，在公司建立一个决策委员会，是否会影响决策的效率呢？答案是肯定的。史玉柱坦言：“速度肯定要受到影响，但对现在的中国民营企业家来说，最大的挑战不在于他能不能发现机遇和把握机遇，而是他能不能抵挡诱惑，这跟 10 年前的环境不一样了，所以很多人还没有弄明白。中国现在的机会太多了，不用去找机会，机会都会找上门。”

史玉柱介绍道，最近几年出问题的企业家都有一个共同的特点，就是没能经得住诱惑，战线拉得太长，最终才导致问题的出现。摊子铺得过大，手中的现金就不足以支撑这些项目，他肯定会做一些非常规的事情，而在中国的法律体系下，非常规的事情常常就是非法的事情。

史玉柱在经历盲目多元化的失败之后，根据自己的经验教训，提醒创业者不要盲目多元化，因为盲目多元化的结局只能是失败。

史玉柱所建的决策委员会投资机制，起着理性地让史玉柱决定某项投资项目的作用。不可否认，正是这种决策机制，给史玉柱的决策提供了正反两方面的建议。比如，当吴征退出新浪时，给出的价格十分公道，有人问史玉柱买不买。事后证明，如果当时出手，史玉柱就会净赚数十亿元。然而，决策委员会一致认为，该项目风险过大，不同意购买，最后史玉柱选择了放弃。虽然如此，决策委员会的许多决策为史玉柱抵御了不少投资风险。

“我们利很薄，就靠量，薄利多销。靠暴利那是不行的，滴水成河、粒米成箩。”

在老干妈的定价上，始终坚持薄利多销，这种做法在无形中筑起了一道行业壁垒，一旦定价低于老干妈的零售价格，其利润几乎为零，一旦定价高过老干妈的零售价格，消费者通常会拒绝购买，更不可能占领老干妈的辣椒酱市场。

老干妈的定价使其零售价格一直都较为稳定，坚守价格定位，价格涨幅微乎其微，不给对手可乘之机。在老干妈强势的品牌力下，竞争对手们，要么为了低价导致低质，要么放弃低端做高端，而佐餐酱品类又很难支撑高端产品。[①] 这给调味酱行业竞争者的定价出了一个难题。

真正的价格战：稳住一个合适的价格，竞争对手根本杀不进来

不可否认的是，企业的任何一件产品都会根据不同市场进行定价，这一般与企业的销售策略和市场地位有关。中国辣椒酱巨头老干妈的定价较低，这与其他辣酱品牌的竞争不无关

---

① 郝北海:《“老干妈”: 逆营销下塑造商业传奇》,《科技日报》2015 年 1 月 13 日。

系。在实际的市场营销中，作为市场营销组合中一个十分关键组成部分的定价策略，往往关乎企业的利润。企业经营者为产品定价就成为一个极其复杂的过程。

一般来说，商品的价格将成为影响交易成败的一个重要因素，同时又是市场营销组合中最难以确定的因素。因此，企业经营者采取不同的定价方法，得到产品的基本价格，再根据具体的市场环境、产品条件、市场供求、企业目标等灵活地运用适当的定价策略和技巧，制定最终的销售价格，以期达到扩大销售、增加企业利润的目的。这要求企业经营者既要考虑成本的补偿，又要考虑消费者对价格的接受能力，使定价策略具有买卖双方双向决策的特征。

当然，老干妈的定价与其创业经历有关。贵阳修建环城公路时，陶华碧抓住了这个发展的机会。正是这次机遇，使陶华碧近乎本能的商业智慧第一次发挥出来：她给过往的货车司机赠送辣椒酱。后来人流过多，她无法承受免费赠送的压力，于是创建贵阳南明陶氏风味食品店，不再销售米豆腐，而辣椒酱的热销远超陶华碧的预期。龙洞堡街道办事处和贵阳南明区工商局的干部开始游说陶华碧，放弃餐馆经营，办厂专门生产辣椒酱，但被陶华碧干脆地拒绝了。

陶华碧坚持餐馆营业的理由其实很简单：如果小店关了，那这些“穷学生”到哪里去吃饭。如前所述，陶华碧也出身于穷苦家庭，自然深知“穷学生”的难处。时任龙洞堡街道办事处副主任的廖正林回忆当时的情景说：“每次我们谈到这个话题的时候，她都是这样说，让人根本接不下去话，而且每次都哭得一塌糊涂。”

陶华碧的辣椒酱生意很火，办厂的呼声也越来越高，以至当年得到陶华碧照顾的学生都积极劝说她办厂。1996 年 8 月，陶华碧才迈出扩大规模的脚步，借用贵阳市南明区云关村村委会的两间房子，创办了辣椒酱加工厂，牌子就叫“老干妈”。

从陶华碧的创业路径进行分析，她自然不会把价格定得更高，更不可能定位在奢侈品行列。尽管陶华碧没有学过营销学课程，但是陶华碧清楚地知道，价格往往决定着品牌和目标人群的定位。价格变动，不只是企业利润和销量的变化，更是品牌定位的转移，尤其是企业具有领先市场份额的情况下，提价，往往是给对手让出价格空间。[①]

以消费者为中心，即使定位于中低端市场，也能够提供极致的客户体验。商业需要回归其本源，即企业存在的唯一目的是服务顾客。以老干妈的主打产品风味豆豉和鸡油辣椒为例，其主要规格为 210 克和 280 克，其中 210 克规格锁定 8 元左右，280 克占据 9 元左右（不同终端价格有一定差别），其他主要产品根据规格不同，也大多集中在 7~10 元的主流消费

① 郝北海：《“老干妈”：逆营销下塑造商业传奇》，《科技日报》2015 年 1 月 13 日。

区间。基于老干妈的强势品牌力，其他品牌只能选择价格避让，比如，李锦记 340 克风味豆豉酱定价在 19 元左右，小康牛肉酱 175 克定价在 8 元左右，要么总价高，要么性价比低，都难与老干妈抗衡。[①]

合理控制价格区间的同时，还要创造极致的味蕾体验

在传统的食品行业，要想赢得消费者的认可，生产厂家就必须为消费者创造极致的体验。在当下“互联网 +”时代，由于消费者获取信息途径的改变，无疑会促使传统企业研究用户的心理。

在这样的背景下，“互联网 +”给予传统企业研究用户以较好的机会，因为传统企业可以有效地通过“互联网 +”来思考和了解用户的心理，而且其方式也多种多样，如创建一个网络社区，让用户参与某款产品的研发，或者创建电商渠道平台分析用户会选择何种产品。传统企业这样做，其深层次的因素还是用户。这其实是“互联网 +”时代巨大的改变之一，也是“互联网 +”潜在的巨大价值所在。

20 多年前，互联网刚刚进入中国。不过，这并不影响老干妈创始人陶华碧的产品研发和制造。1989 年，创业之初的陶华碧开了一个简陋的“实惠餐厅”，专门经营凉粉和冷面。

---

① 郝北海：《“老干妈”：逆营销下塑造商业传奇》，《科技日报》2015 年 1 月 13 日。

为了更好地招揽回头客，当时陶华碧特地制作了一种麻辣酱，在销售凉粉时作为专门作料，结果食客络绎不绝，生意十分兴隆。

当陶华碧一如既往地经营餐厅时，事情却有了些许变化。有一天早晨，因长期劳累过度，陶华碧起床后感到头晕得很厉害，就没有像往常一样去菜市场购买辣椒。

在陶华碧看来，拌凉粉的作料有好几种，缺少麻辣酱也不会影响生意。让陶华碧没有想到的是，顾客前来吃凉粉时，发现没有特制的麻辣酱，居然转身离开了。

陶华碧对此困惑不已：怎么会这样？难道来我这里的顾客并不是喜欢吃凉粉，而是喜欢吃我做的麻辣酱？难道我这个小店生意兴隆，也是因为有这种麻辣酱的缘故不成？

此次事件对陶华碧的影响很大。陶华碧敏锐地觉察到特制麻辣酱的巨大潜力。从此，陶华碧潜心研究起来。经过几年的反复试制，陶华碧制作的麻辣酱风味更加独特了。不仅引来了许多食客，一些食客吃完凉粉后，居然又掏钱来购买一点麻辣酱带回去，甚至有人不吃凉粉，专门来买麻辣酱，麻辣酱做多少都不够卖。

与麻辣酱的火爆相比，陶华碧的凉粉生意却越来越差。陶华碧心里又纳闷了：麻辣酱充其量只是一种食品作料，这些人买这么多回去，吃得完吗？

陶华碧也想弄明白其中的原因。有一天中午，陶华碧的麻辣酱如往常一样很快地销售完后，吃凉粉的客人就一个也没有了。于是陶华碧关上店门，想出去看看别人的生意怎样。

当陶华碧走了10多家卖凉粉的餐馆和食摊后，却发现人家的生意都非常红火。究其原因，原来这些人做作料的麻辣酱都是从陶华碧那里购买来的。此刻，陶华碧的肺都要气炸了。不过，任何事情都有两面性，正是这次发现，才有了老干妈的光明前途。

在创业中，陶华碧通过自己独特的产品研发，使得消费者的体验更加极致。时至今日，顾客体验被中国企业家、研究者们争论得如火如荼。只是，在这争论的背后，屡屡被提及的企业不外乎是苹果、海底捞、老干妈、茅台酒等。

可能有读者问，这到底是为什么呢？原因就是这些企业经营者都用一种追求极致甚至偏执的劲头在做客户体验。其他未被提及的企业，不一定就不重视客户体验，只是他们未必做到极致，或者极致得不彻底。①

在如今的“互联网+”时代，客户和用户是有区别的两个群体。传统的“客户第一”思维已经悄然发生改变。当然，并不是说在“互联网+”时代客户就不重要，而是说传统企业在未弄清楚用户的消费行为之前，也就意味着传统企业还没有找到属于自己的客户。

---

① 林剑萍：《偏执狂与客户体验》，《中国对外贸易》2012年第10期。

为了与用户更好地互动，甚至连互联网企业也无一例外地用了超过 90% 的精力去研究用户和服务用户，甚至在没有自己的盈利产品时会先推出吸引用户的“馅饼”，比如腾讯用 QQ 吸引用户，360 用免费杀毒软件吸引用户，因为有了用户自然就有客户。①

正是因为重视用户，才创造了“互联网 +”和“互联网思维”下举不胜举的、吸引用户眼球的、具有创意的引爆点的营销神话。不过，需要提醒传统企业经营者的是，这些神话是建立在对的时间做了对的事情基础之上的。正如小米手机创始人雷军所言：“站在台风口，猪都能飞上天。”然而，不是每个企业都能找到风口，即便找到风口，飞起来之后，也不能保证不会掉下来，商业的创新需要更多一些理性的思考。②因此，在“互联网 +”时代，传统企业只有应需而变，创造极致的客户体验，才能真正地挖掘到“金矿”。

---

① 姬万里：《洞见：互联网时代，我们能做什么》，《经济视点报》2014 年 3 月 27 日。

② 姬万里：《洞见：互联网时代，我们能做什么》，《经济视点报》2014 年 3 月 27 日。

第五章

绝对控股，打造百年家族企业

在接受媒体采访时，陶华碧声称，我之所以“不要贷款、不要参股、不融资、不上市”，是因为我要把老干妈打造成为百年老店。其逻辑是，当家族企业向投资机构出售股权或者举债扩张后，一连串的“蝴蝶效应”让家族企业很难保持自己中长期的发展战略规划，这就使得高速发展中的家族企业可能因为变更赛道而车毁人亡。这样的结果当然是陶华碧不愿意看到的，正因为如此，陶华碧提出自己的战略愿景——“把吃的东西祖祖辈辈延续下去”。

陶华碧及其接班人要实现这样的愿景，继续保证家族经营和坚守“不要贷款、不要参股、不融资、不上市”，以及把控制权掌控在自己手里就非常重要。

当我们研究日本的长寿企业时发现，在日本长盛不衰、能够支撑这些企业度过百年的，“家族经营”这一要素名列其中。比如金刚组、粟津温泉酒店、三井、三菱、住友、安田等都有着上百年的历史。从这个角度来分析，要想“把吃的东西祖祖辈辈延续下去”，陶华碧就必须绝对控制老干妈的股权。

“谈到家族企业，外界不看好，我不那样看，没有家族企业，企业是赚不到的。”

每天，老干妈厂房里生产超过300万瓶的辣椒制品，等待被发往中国各地的大小超市，以及遍布五大洲的30多个国家和地区。老干妈，这个典型家族企业正在蓬勃发展。接近古稀之年的陶华碧和她的家族拥有老干妈100%的股权，正是陶华碧这个家族，创造了一个红红火火的“辣椒酱帝国”。

尽管陶华碧没上过学，她却深知家族企业的经营优势，同时也清楚家族企业的发展趋势。陶华碧认为，西方国家同样有很多家族企业，包括香港的李嘉诚也是家族企业。家族企业并不是不要现代化企业管理的机制，家族企业同样要实行现代化企业的管理制度。历来的传统都是这样子，成功的企业往往都是家族企业。

“谈到家族企业，外界不看好，我不那样看，没有家族企业，企业是赚不到的。”

在很多企业家论坛上，一些商学院教授、培训师，甚至投行都在高调地谈论家族企业的弊端，甚至把家族式管理的弊端无限放大，结果，很多家族企业经营者不愿意承认自己的企业是家族企业。

研究发现，在很多国人眼中，提及家族企业，都会嗤之以鼻，似乎家族企业就是落后企业组织形态的代名词，什么“用人唯亲、裙带关系、管理混乱、公私不分”等，于是“人才”纷纷逃离“落后”的民营家族企业而投奔到外企的“大王”旗下。殊不知，很多外企的母公司也是家族企业。这也符合一部分中国人崇洋媚外的心理。当然，他们对家族企业普遍存在误解，那就更不足为奇了。

殊不知，对家族企业怀有偏见的并不只中国人，欧美国家的研究者也如此。如美国经济学家小艾尔弗雷德·杜邦·钱德勒教授在接受美国《商业周刊》采访时谈到他对家族企业的看法：家族企业只是在工业化经济初期十分流行，随着工业化经济的发展及企业组织的进化，家族企业会逐渐消亡。

在钱德勒看来，家族企业必然会消亡。由于历史的原因，中国上万家百年企业戛然而止，新中国成立以来的家族企业也才有 40 多年的历史，自然也就无法证明家族企业是一个长寿组织。不过，我却与之持相反的观点。我认为，家族企业会一直存在下去。

正是主流的经济学家不看好家族企业，才引发了一场场的争论。纵观世界，当我们把研究的地域扩大至日本、东南亚，以及欧美等国家和地区的众多家族企业时，就会发现，家族企业不仅大量存在，而且有的家族企业存在了 1000 多年。

企业的组织形式并没有好坏之分，关键看是否适合企业发展阶段性的需要。家族企业模式尤其适合中小企业，因为它产权纽带紧密，利益分配清楚，家族成员相互了解，易于团结一致、共同发展，而且解决了核心团队内部的信任问题。

在老干妈这个家族企业中，董事长陶华碧已经不再负责具体事务的管理，仅仅掌握大的方向。长子李贵山主管老干妈的市场拓展，次子李辉负责生产。

对于家族企业，陶华碧有着自己的见解：谈到家族企业，外界不看好，我不那样看，没有家族企业，企业是赚不到的。不是一家人，就容易各是各的心，要同一条心，才能把企业做大，才有和谐社会。

在陶华碧看来，正是家族企业一条心的使命感和荣辱与共的认知，才铸就了老干妈这个家族企业的金字招牌和强大的现金流。也正因为如此，不需借助资本的纽带，仅靠自己强大的现金流，老干妈的市场越做越大，扩展到北美、欧洲、东南亚、日本、韩国等多个国家和地区。

谁是下一个“胡玮炜”

失去太子奶后，太子奶创始人李途纯在反思太子奶的失败时坦言，其失败在于职业经理人。1997 年，李途纯和太子奶以“标王”姿态耀目登场。作为一个时代的符号，“标王”这个词如今已少有人提。从 1995 年至今，回顾十几届“标王”，“孔府宴”风流云散，“秦池”黄粱一梦，“爱多”来去匆匆，“太子奶”苟延残喘……“标王”的故事永远被留在了那个春天里。而这个江湖每天都在上演新的传奇，移动互联网、大数据、O2O……[①]

在这个英雄辈出的年代，被太子奶净身出户的李途纯不可能因此落寞地被时代忘记。也许新时代的传奇依旧可能再次发生在年过半百的李途纯身上，毕竟当年失败的史玉柱已经东山再起。在这次再创业过程中，李途纯将“红色乐园”作为新事业的起点，致力于打造全球最大的红色主题旅游基地。

这是李途纯 10 年前就想干的事。当时，李途纯在自己的老家湖南临湘买了 2000 亩地。而此后的很多年里，这个项目都处于烂尾状态。至今部分土地尚存在纠纷。被拘期间，李途纯深知太子奶回天乏术。他想干干净净地做一件新事情。“红色乐园”又回到了他的视野里。李途纯在狱中进行全盘策划，出狱后，“红色乐园”正式动工。[②]

“红色乐园”属于湖南五仙山旅游度假开发有限公司。这是一个家族企业，李途纯的前妻王依兰是法人和股东，儿子李

① 李春晖：《李途纯：太子奶和三聚氰胺事件都是外国间谍制造的》，《中国企业家》2014 年 1 月 3 日。

② 李春晖：《李途纯：太子奶和三聚氰胺事件都是外国间谍制造的》，《中国企业家》2014 年 1 月 3 日。

帅负责全盘事务，李途纯只是总策划。[①]这样的变化源于李途纯的第一次失败，李途纯强调，以后只做家族企业，决不搞股份制那一套。

究其原因，是李途纯根本就不信任那些职业经理人。李途纯的理由是：我当时要是搞家族制，太子奶不会出问题。中国没有真正的职业经理人。他们都是带着各种目的来的，不是真正想把企业搞好。他们可能开始要求很低，但进来后野心极大，争权夺利、暗中结帮。很多民营企业倒台完全是因为这些人。

李途纯的担心并不是没有道理，一些创业企业在融资后不久，创业投资人强势地引入职业经理人，而企业创始人只能从一把手职位上撤下来，如一些技术出身的创始人转向主要负责技术开发，而不负责公司的总体发展和日常管理等。殊不知，当风险投资进入后，在职业经理人的带领下，创业企业曾经可行的诸多战略也会因此而放弃。这就会过早地导致创业企业的死亡。因此，要想让家族企业稳健地发展，创始人对家族企业的控制权就不能旁落。

遗憾的是，创始人被风险投资赶出创业企业的故事仍在发生。在共享经济中，摩拜单车就是一个脱颖而出的企业，其创始人胡玮炜坚守自己的初心，把共享单车的故事讲得绘声绘

① 李春晖：《李途纯：太子奶和三聚氰胺事件都是外国间谍制造的》，《中国企业家》2014 年 1 月 3 日。

色，说服不同的合伙人加盟，让摩拜单车一路过关斩将，最终赢得一轮又一轮的资本注入。

回顾摩拜单车的创业史不难发现，自从摩拜单车赢得资本的青睐后，创始人胡玮炜就与摩拜单车捆绑在一起了。直到2018 年 12 月 23 日，作为摩拜单车创始人的胡玮炜宣布，因个人原因辞去摩拜单车 CEO 职位，由刘禹接任 CEO 一职。

针对这一变化，胡玮炜在给员工的内部信中称："完成了阶段性的使命"，我将继续在出行领域创业。

此前，作为创始人的胡玮炜以摩拜代言人的身份出现在各种场合。这是因为，当创业者成功地将创业企业做成独角兽后，当研究者们目睹创业者脱颖而出后再来回顾自己曾经的筚路蓝缕，这样的创业故事一定能打动更多投资者投资，争取更多的人才加盟，获得更多用户认可，同时也是大部分与之相关的人们乐于倾听的创业励志故事。

在媒体记者的眼中，胡玮炜不仅是一位"独角兽美女创始人"，更是"失败就当作公益"的创业者，其创业故事更能代表新时代创业者的心声。在媒体和时代的催生下，话题不断的胡玮炜，把流量与创业者两个资源整合起来。一方面，作为摩拜创始人的胡玮炜，在演讲或接受媒体记者采访时，更多的是谈论有关自己创业的话题，以及自己创立摩拜的初衷；另一方面，作为创始人，要解决共享单车项目本身的诸多难题，如共享单车的科技难题。

胡玮炜的这些信息，恰恰也是媒体记者愿意听到的。媒体记者从对胡玮炜的采访中看到了她是如何从一位年轻的创业者裂变为独角兽项目的创始人；看到胡玮炜作为摩拜创始人在谈论自己的初心和愿景时，如何处理好与内部高管之间的利益冲突；看到了胡玮炜在摩拜高速的扩张过程中，个人的理想被资本裹挟，虽然自己占有摩拜 36.12% 的股份，是名副其实的最大股东，却失去了对摩拜实际的控制权。

在无比风光的背后，我们发现，在现实面前，那些志存高远的创业者们在坚持自己信念的同时，大多数却身不由己。

在大起大落的生存与倒闭权衡中，除了融资、贴补外，被并购也是一条不错的归路。当企业被并购时，创业者自己出局的序幕已经徐徐拉开。虽如此，面对每一个抉择，创业者都在述说自己曾经的坚持与诸多无奈，除了抗争之外，不得不选择妥协。在这两者中，作为摩拜单车创始人的胡玮炜，同样试图挣扎过。

这一切，还得从 2014 年的某天说起。2014 年 11 月的某个晚上，作为蔚来汽车创始人、投资人的李斌在与胡玮炜聊天时谈到，有一个好的创业项目，该项目的具体操作是：拥有一定数量的自行车，通过手机扫码打开自行车的车锁，骑一次只需要支付一元钱，且随处能借，使用结束后随处停。

听后，胡玮炜觉得此项目具有很大的商业价值。不仅如此，敏锐的胡玮炜甚至立即拍板做此项目。当时，看好此项目的还有汽车设计师陈腾蛟。

既然可行，那就必须把项目落地。李斌在畅聊中激发了各位在场创业者的商业想象，现场就把（摩拜）这个企业名称想出来了。

之所以叫“摩拜”，是因为英文 *mobile*（移动）和 *bike*（自行车）拼读起来，其发音就是“摩拜”，与中文“顶礼膜拜”中的“膜拜”谐音。

企业名称确定后，接下来就是讲好落地的故事了。理想很丰满，现实却很骨感。初创的摩拜遭遇发展瓶颈，当初的合伙人就有人开始退出了。2014 年底，创业合伙人陈腾蛟退出。在陈腾蛟看来，实现共享单车的难度实在太大了，虽然苦战半年，摩拜自行车的模型都还没有设计出来。

不得已，胡玮炜想到了借用外部的智慧来解决当前的困难。2015 年初，胡玮炜打电话给原福特汽车亚太区产品规划和开发经理夏一平。胡玮炜的项目打动了有意向做“共享汽车”项目的夏一平。经过一番深度对话，夏一平加盟了摩拜单车，并担任首席技术官一职。此后，胡玮炜依然在说服人才加盟。

拥有丰富汽车专业经验的王超以及前摩托罗拉工程师杨众杰，虽然不了解摩拜单车，却被胡玮炜讲述的故事所感染。在王超看来，胡玮炜之所以能打动他，是因为胡玮炜“淡泊功利”，所以他们毅然加盟摩拜单车，分别负责摩拜单车的设计和摩拜智能锁的设计。

据了解，在摩拜单车的设计上，王超的贡献功不可没。他创造性地想到了自行车可以通过实心轮胎、无链子、外表耐磨且不容易受到磨损来提升用户体验。

如此设计，自然与胡玮炜 4 年不用维修的想法不谋而合。但是由于其设计过于超前，很多工厂都没有能力代工生产。

2016 年初，胡玮炜与时任摩拜 CEO 的王晓峰接受了工程师徐洪军的建议，开始寻找可以代工的工厂，购买设备，甚至招聘工人自建生产线生产自行车。

据胡玮炜介绍，在整个创业过程中，从刚开始的项目落地、融资、产品设计到投放市场，她凭借自己的创业故事激发了各个环节中合伙人的热情。

胡玮炜谦虚地宣称，在这串珍珠中自己只是起到了一个讲好“共享单车”的故事以及把合伙人加盟入局串联起来的那根绳子的作用。

这与联想创始人柳传志的珍珠理论有些类似。柳传志认为，创业者能否成功，素质非常关键。理由有两个：第一，创业者心胸要开阔，要做串起珍珠项链的那根线。第二，创业者的学习能力要强，管的东西要更宏观，看得要更远。

胡玮炜就是这样的创业者。正因为如此，摩拜单车在创立之初，就获得投资者李斌 146 万元的天使投资。

2015 年 10 月，摩拜单车获得 A 轮数百万美元的融资。此次的投资方是愉悦资本。

虽然获得两轮融资，此刻的摩拜单车依旧没有投入量产，但是这并不影响愉悦资本的投资决策。在愉悦资本创始人刘二海看来，敢于投资是因为看中了李斌的背景。

当摩拜单车两轮融资成功后，李斌盛情邀请王晓峰加盟摩拜单车，担任摩拜单车 CEO，成为该公司“联合创始人”，由此获得 20% 的摩拜单车股份。

据“天眼查”公开的信息显示，摩拜单车注册资本为 500 万元，其中胡玮炜出资 180.6 万元，拥有摩拜单车 36.12% 的股份；李斌拥有摩拜单车 29.25% 的股份；时任 CEO 的王晓峰拥有摩拜单车 20% 的股份；联合创始人兼时任 CTO 的夏一平拥有摩拜单车 14.63% 的股份。见图 5–1。

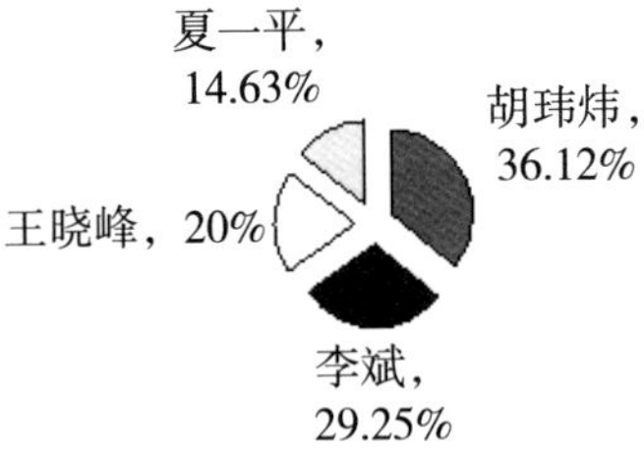

图 5–1　摩拜单车原始团队持股比例

胡玮炜作为摩拜单车的创始人，当时占 36.12% 的股份，自然而然地成为摩拜单车的专业代言人。这与格力电器董事长董明珠类似。虽然没有董明珠的强势和霸气，但是胡玮炜贴着“女文青”“80后美女创始人”的标签。

不管是董明珠还是胡玮炜，她们都深知，一个讲故事的好手不仅可以提升企业的形象，同时可以提升用户的忠诚度。

与大多数创业者不同的是，作为创始人的胡玮炜，更加擅长讲述自己的创业故事。例如，胡玮炜在“一席”现场演讲中就直言：“如果失败了，就当做公益。”因为胡玮炜知道，创业成功的概率很低，正因为如此，胡玮炜的故事得到众多媒体的广泛传播。在诸多创业故事中，胡玮炜的创业故事打动的不仅仅是用户，同时还有投资人。

对于投资人关注的商业模式，胡玮炜有着自己的解读：商业模式不一定非要找，不论是对社会还是对个人，只要做的事情非常有意义、非常有价值就可以。因为胡玮炜有一个好的故事，所以赢得了多轮融资。见表5–1。

表5–1　摩拜单车的融资情况

时间	轮次	金额	投资方
2015年10月	A轮	数百万美元	愉悦资本
2016年8月	B轮	数千万美元	熊猫资本、愉悦资本、创新工场
2016年8月	B+轮	数千万美元	创新工场、祥峰投资
2016年9月	C轮	1亿美元	红杉资本、高瓴资本
2016年10月	C+轮	—	高瓴资本、华平资本、腾讯、红杉资本、启明创投、贝塔斯曼

续表

时间	轮次	金额	投资方
2017年1月	D轮	2.15亿美元	腾讯、华平资本、携程、华住、TPG德泰资、红杉资本、启明创投、愉悦资本
2017年1月	战略投资	—	富士康
2017年2月	战略投资	—	淡马锡、高瓴资本

截至2017年2月，摩拜单车的总融资额接近4亿美元，估值超过百亿元，成为名副其实的“独角兽”。

身披“独角兽”光环的胡玮炜，尽管持有摩拜单车最多的股份，却面临一个非常棘手的现实问题，那就是李斌和王晓峰两人的股份占比为49.25%，显然超过胡玮炜拥有的36.12%股份。这意味着一旦双方在战略问题上发生分歧，王晓峰和李斌占据更多的话语权，这为胡玮炜失去摩拜单车的实际控制权埋下了伏笔。据《第一财经》报道，2018年4月3日晚9点，摩拜单车股东大会在北京嘉里中心举行。两个小时后，股东们一致作出决定，同意美团以27亿美元收购摩拜单车。

2018年4月4日凌晨1点40分，摩拜单车创始人兼总裁的胡玮炜在朋友圈中写道：大家都更喜欢戏剧性，然而我更愿意积极看待一切。谢谢所有人把我们捧到改变世界的高度，也谢谢大家对摩拜的重新审视。并不存在所谓的“出局”，在我看来一切是新的开始。很多人都把摩拜单车看成是出行工具，实际上我一直说它是“美好的生活方式”，回归到简单、本质、健康绿色，不过分追求物质。live better 也是美团的愿景，这一点上我们有巨大想象空间的。

在胡玮炜看来，自己已经努力争取过了，只不过无法改变这样的事实。与其如此，还不如欣然接受不可逆转的事实。在股东投票是否要接受并购前，胡玮炜与时任 CEO 的王晓峰极力游说股东否决此次并购。胡玮炜反对并购是毋庸置疑的，因为关乎她的创业故事以及创业情怀。

胡玮炜在创立摩拜单车时，她的初衷是实现“美好的生活方式”，让用户出行更加便捷，而不仅仅只是财务自由。然而，资本不相信眼泪，当摩拜单车全面接入微信平台时，胡玮炜“驾驶”的摩拜单车只能接受腾讯的投资轨道早已注定。

2017 年 6 月，摩拜单车获得 E 轮融资，投资方是腾讯，融资金额高达 6 亿美元。其后，胡玮炜不管情愿还是不情愿，摩拜单车都已经被紧紧地绑在了腾讯战车上，以至于一轮又一轮的资本融资将胡玮炜和摩拜单车推向了“改变世界的高度”，却带来一个令她不愿看到的事实——胡玮炜无法左右公司的未来以及创业初心。因为故事虽好，但是讲故事的人已经被资本所裹挟。

家族企业业绩好于职业经理人公司

在如今的中国，仍有不少学者把家族制企业视为一种落后的产业组织形式，视为企业进一步生存、发展、壮大的最大阻力。

不仅如此，在中国，舆论还倾向于这样的观点，即家族企业意味着传统、落后，没有发展空间，与现代企业、股份制企业相比，简直就是一个反面的商学院教材。

我们研究后发现，家族企业并非落后，中外家族企业的经营业绩要好于非家族企业。即使在被教授、学者最不看好的中国，中国家族企业的业绩同样要好于职业经理人经营管理的公司。

这样的观点得到了美国财经杂志《福布斯》的印证。来自《福布斯》中文版公布的一项调查报告数据显示，在中国内地赴港上市的诸多企业中，管理者为家族成员的内地赴港上市家族企业的经营业绩，却要普遍好于职业经理人掌管的公司。

数据显示，截至2013年9月23日，在香港联交所上市的企业共有1590家，其中中国内地大约有500家。截至2013年6月30日，在香港上市的中国内地家族企业共计194家。

《福布斯》中文版的报告数据还显示，与2012年相比，在香港上市的中国内地家族企业中，由家族成员担任家族企业CEO的比例有所下降，职业经理人开始更受青睐。

尽管如此，管理者为家族成员的129家中国内地赴港上市家族企业的经营业绩仍普遍好于职业经理人掌管的公司。由家族成员掌管的企业各项指标均明显高出由职业经理人管理的企业，尤其是净利润3年复合增长率是其3倍，[①] 详情见表5–2[②]。

表5–2　2010~2012年香港上市内地家族企业经营业绩概况　（%）

类别	企业数量（家）	净利润复合增长率	总营业收入复合增长率	净利润率3年平均	净资产收益率3年平均	资产回报率3年平均
港股上市内地家族企业	194	9.3	21.1	13.3	15.9	6.3
管理者为家族成员的家族企业	129	12.2	21.5	15.5	16.0	7.0
管理者为职业经理人的家族企业	65	4.0	20.6	10.9	15.5	5.5
家族第一代就职的企业	180	10.4	21.7	13.6	16.1	6.3
家族第二代接管的企业	14	–8.5	15.3	9.0	12.5	6.2

其实，中国家族企业的经营业绩好于职业经理人经营的业绩并非个案，这主要源于家族企业的经营模式往往注重长远，而非短期，这与职业经理人的管理模式有着很大的不同。

据美国《商业周刊》数据显示，在标准普尔500指数的成

① 张翔：《中国家族企业业绩好于职业经理人公司》，《南宁晚报》2013年9月24日。

② 张翔：《中国家族企业业绩好于职业经理人公司》，《南宁晚报》2013年9月24日。

分股公司中，家族企业竟然有 177 个。据《福布斯》杂志公布的世界 500 强企业，家族企业的比重为 37%。

由此可见，家族企业经过多年的风雨洗礼都发展和壮大了。而《商业周刊》提供的数据显示，按 10 年平均值计算，家族企业股东平均年收益为 15.6%，比非家族企业股东平均年收益 11.2% 高出 4.4%；在资产报酬率上，家族企业为 5.4%，而非家族企业为 4.1%；在公司年收益成长方面，家族企业为 23.4%，非家族企业仅有 10.8%；比较公司年营业额增长率，家族企业有 21.1%，而非家族企业为 12.6%，二者相差 8.5%。

在欧洲国家，家族企业的经营业绩情况也非常类似，家族企业的发展指数要远高于非家族企业。

在《新闻周刊》的研究中，主要分析了位于欧洲的英国、法国、德国、瑞士、意大利和西班牙六国在 10 个财年的主要股票指数，见表 5-3。

表 5-3 欧洲六国股票指数

序号	内容
（1）伦敦金融时报 100 指数	又称富时 100 指数，是英文 Financial Times Stock Exchange 100 Index 的汉译，简写为 FTSE100Index。该股票指数创立于 1984 年 1 月 3 日，是英国伦敦证券交易所上市的最大的 100 家公司的股票指数
（2）法国巴黎指数	又称巴黎 CAC 40 指数，是法语 Cotation Assistée en Continu 40 的汉译，简称 CAC 40 Index。具体指在法国巴黎证券交易所上市的 40 家公司的股票报价指数，是法国股市的重要指标，也是欧洲重要指数之一

续表

序号	内容
（3）德国 DAX 指数	德国 DAX 指数包含 30 家主要的德国公司，是由德意志交易所集团推出的一个蓝筹股指数。德国 DAX 指数是欧洲与英国伦敦金融时报指数齐名的重要证券指数，也是世界证券市场中的重要指数之一
（4）瑞士市场指数	是英文 Swiss Market Index/SMI 的汉译，显示瑞士股市（SWX）的主要指标，由 20 家在巴塞尔、日内瓦和苏黎世证券交易所上市的瑞士大企业的 24 只证券（无记名股票和参与凭证）组成
（5）意大利 FTSE 全股指数	是英文 FTSE Italia Au-Share Index 的汉译，包含富时 MIB 指数、富时意大利中型指数和富时意大利小型股指数，是投资意大利的重要指数
（6）西班牙马德里指数	是英文 Madrid Stock Exchange General Index 的汉译，是西班牙经济的风向球，也是投资南欧的重要指标，包含建设、金融服务、通信、消费、能源与各式商品类股

在表 5-3 这六大指数里，《新闻周刊》从伦敦金融时报 100 指数到马德里指数中发现，欧洲家族企业的总体走势远优于那些毫无血缘关系的非家族企业。

比如，在德国家族企业中，以宝马、奔驰等为首的家族企业，其股票走势的涨幅达到了 206%，而非家族企业仅为 47% 的增长，其涨幅是非家族企业的 4.38 倍；在法国家族企业中，像欧莱雅和路易威登等家族企业，其指数涨幅达到 203%，而非家族企业的涨幅只有 76%，其涨幅是非家族企业的 2.67 倍。

不仅是《新闻周刊》证明了家族企业的经营业绩比非家族企业要出色，摩根士丹利公司同样持有这样的观点。摩根士丹利公司在2007年的一项研究结果显示，2000~2006年，在标准普尔500指数的上市公司中，家族公司股价的涨幅超过了综合性指数的涨幅。

不管是《商业周刊》《新闻周刊》，还是摩根士丹利公司，它们的研究结果证明了美国哈佛大学商学院两位教授曾在2003年的论文中提出的观点。

该观点指出，家族企业的平均资产收益要比非家族公司高6.65%。目前全球有80%以上的企业属于家族企业，全球500大企业中有37%由家族所拥有或经营。在欧美地区，家族企业所占比例很高，列于榜上的家族企业几乎全分布在欧美地区。在标准普尔500指数的上市公司中，家族公司组建成员进入管理层、董事会或持有主要所有权的公司占30%以上，其中包括沃尔玛这样的大公司。在欧洲大陆的上市公司中，家族持有主要所有权的公司所占比例更高。在巴黎证券交易所前250家公司中占57%；而在法兰克福，前250家上市公司中有51%为家族或个人所有。这些公司包括宝马、保时捷、家乐福、米其林等。

致力于家族企业控股，打造百年企业

2017 年 2 月 12 日,《新京报》刊载了一篇名为《“老干妈”陶华碧悄然退出，不再持股老干妈》的文章。此文犹如一颗重磅炸弹，把老干妈这个神秘的企业推上了风口浪尖。

众所周知，在中国诸多企业中，老干妈是一家低调而神秘的公司，创始人陶华碧以自己的头像作为老干妈的品牌商标。

陶华碧以及家族接班人很少接受媒体的采访，选择低调地“闷声发大财”。

“不偷税、不贷款、不欠钱、不上市”，这是陶华碧被广为流传的一句“四不”名言。多年来，老干妈的股权被牢牢掌控在陶华碧及其家族手中。在初期阶段，陶华碧持有老干妈 100% 的股权。

查阅老干妈的企业股权结构资料发现，2014 年 6 月之前，老干妈的股东结构非常简单，股东只有陶华碧与其两个儿子李贵山和李辉，其中，陶华碧占 1%的比例，长子李贵山持有老干妈 49%的股份，次子李辉 2012 年 5 月才入股，持有老干妈的 50%的股份。

《新京报》这篇报道的缘起是：2014 年 6 月 27 日，在贵阳南明老干妈风味食品有限责任公司的股东名单中，不见了陶华碧和其次子李辉的名字。取代陶华碧和李辉的是被誉为“神秘人”的李妙行。在老干妈目前的股权结构中，长子李贵山持有老干妈 49% 的股份，陶华碧之前将老干妈 1% 的股份转让给李妙行，李妙行持股比例为 51%。

2017 年 2 月，有媒体查阅工商信息发现，早在 2014 年 6 月 27 日，老干妈投资人信息变更，陶华碧从股东中退出，另一股东李辉也退出，公司股东由李贵山、李妙行两人组成，陶华碧的名字不再出现。

由于当时的工商信息中并未提及李贵山、李妙行两人的持股比例，当媒体得知如此重大的信息后，一则重磅新闻就把向来低调神秘的老干妈公司推向了头条，尤其是神秘股东“李妙行”的出现，加上陶华碧及其次子李辉的退出，此举无疑引发外界的诸多猜测。

陶华碧家族 100% 控股老干妈

陶华碧 49 岁时才创办老干妈品牌。她一向低调，甚少接受媒体采访，不管是学界、媒体，还是消费者，对老干妈的了解多数是来自年度业绩的公布，以及陶华碧公开介绍的观点。

此次把老干妈拉入“旋涡”的股东信息变更，不过是发生在几年前的“旧闻”。这主要是由老干妈自身的企业属性决定的，由于不是上市企业，老干妈没有主动公开宣布股权变动的消息，仅仅只是在贵阳市南明区市场监督管理局作了相关登记；引发此次事件的导火线，也不过是由于媒体的报道，才引起广泛关注。

查询国家企业信用信息公示系统发现，陶华碧依旧是老干妈的法定代表人，监事为李贵山。作为家族企业的老干妈，其股权构成依旧简单，仅有李贵山和李妙行两位自然人股东。

根据《理财周报》2014 年 3 月的报道数据显示，在当时，老干妈的股东结构只有陶华碧与其两个儿子。

2017 年 2 月，媒体报道了老干妈股权变动信息，说明陶华碧已经交班完成。见图 5–2。

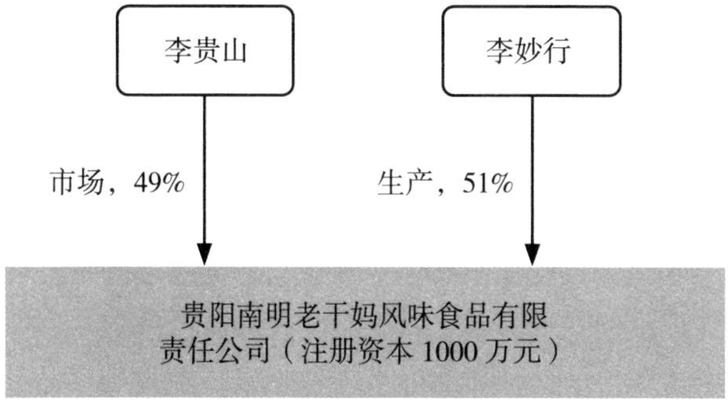

图 5–2 2017 年老干妈公司的股权结构

此次的股东信息变更，陶华碧的悄然隐退似乎在情理之中。不过，让研究者好奇的是，陶华碧次子李辉的名字也从股东名单中除去，取而代之的是一个让消费者、媒体、研究者并不熟知的“李妙行”。

于是，神秘股东入股老干妈的新闻铺天盖地而来。让消费者、媒体、研究者疑惑的是，在老干妈股权信息变更的同一天，陶华碧的名字同样从贵阳南明春梅酿造有限公司的股东信息中撤下，同时“李辉”更改为“李妙行”，企业类型从有限责任公司（自然人投资或控股）变更为有限责任公司（自然人独资）。信息显示，目前该公司法人依然是陶华碧。

此外，李妙行目前担任贵阳南明老干妈风味食品有限责任公司贵定分公司负责人，该分公司创建于 2015 年 11 月 24 日。在这个股权风波中，媒体当时采访笔者时，笔者也谈了相关的观点：老干妈作为一个家族企业，不融资、不贷款、不上市，说明老干妈不缺资金，那么此次股权变动，属于正常的家族企业传承的交班行为，那么这个李妙行，肯定是陶华碧的家人。

“‘李辉’只是‘李妙行’的曾用名。”

尽管笔者阐述了自己的观点，外界依然在猜测神秘人李妙行是何人。2017 年 2 月 17 日，《羊城晚报》报道称，作为陶华碧的秘书刘涛，在 2017 年 2 月 16 日接受采访时回应外界的传言称，所谓的神秘人入股老干妈，其实是一场乌龙事件。

面对投资人信息的变动，陶华碧的秘书刘涛介绍道：“‘李辉’只是‘李妙行’的曾用名。”

细心的研究者查阅老干妈的资料后发现，“李辉”和“李妙行”曾同时出现在老干妈的 10 项专利信息中。

媒体记者通过国家知识产权局官网查询发现，在股东信息变更的 2014 年 6 月 27 日前，“李辉”和“李妙行”这两个名字的确曾同时出现在老干妈的相关企业信息中。

数据显示，在老干妈的 37 项专利中，竟然有 10 项是由李妙行和李辉共同发明的，申请日期均为 2014 年 3 月。

信息还显示，李辉入股老干妈的 2012 年前，李妙行已经以联合发明人的身份，参与了老干妈在 2010 年 8 月 3 日申请的 3 项专利发明。

在贵阳南明老干妈风味食品有限责任公司的专利信息中，全部 3 项专利均由李妙行和李辉共同发明，申请日期为 2012 年 4 月 12 日，见图 5–4。

贵阳南明老干妈风味食品有限责任公司专利信息		
专利申请日期	发明人	专利名称
2014/8/19	李妙行	不合格圆形盖自动分拣装置等 3 项
2014/3/31	李妙行、李辉	包装箱（香辣酱）等 2 项
2014/3/28		包装箱（香辣菜）等 3 项
2014/3/27		包装箱（风味鸡油辣椒）等 5 项
2010/8/3	李妙行、刘涛、曾君学、何文成	食品包装袋（火锅底料）等 3 项
2009/12/11	李贵山、李鑫、杨航、安旭东	食品包装礼盒等 11 项
2009/2/11	陶华碧	瓶贴（老干妈干煸肉丝油辣椒）等 9 项
2005/6/20	李贵山	包装箱

贵阳南明老干妈风味食品有限责任公司专利信息		
专利申请日期	发明人	专利名称
2012/4/12	李妙行、李辉	食品包装瓶（姜蒜糟辣椒）等 3 项

▲在两个公司的专利信息中，李辉和李妙行的名字曾同时出现。

图 5–4　李妙行和李辉的信息查询结果

针对如此情形，广东安国律师事务所黎鹏俊律师分析认为，如果李辉和李妙行是同一人，则有可能是以下两种情况：一是共同发明人中有另一个同名的李辉或李妙行；二是由于专利申请的时候“发明人”一栏是申请人自己报上去的，只有第一发明人要填身份证号码，其他共同发明人的身份证号码可不填，所以不排除申请人有意报两个名字的可能。

当然，媒体在猜测李妙行，主要是在股东信息变更后，在老干妈2014年8月19日申请的3项专利中，李妙行却是唯一的发明人。此前，在老干妈的专利发明人中，仅仅只有陶华碧和李贵山。

不仅如此，查阅贵阳市南明区政府的门户网站发现，2012年1月开始，李辉担任南明区区政协副主席，分管非公有制经济方面的工作。

从上述就职履历可以断定，李辉就是从2008年9月至2011年12月担任贵阳南明春梅酿造有限公司总经理、贵阳南明老干妈风味食品有限责任公司总经理，即陶华碧次子本人。

面对外界的不解，刘涛介绍称，老干妈目前的股权结构变化不大，其中，陶华碧的长子李贵山持有老干妈49%的股份，陶华碧之前1%的股份转让给了次子李妙行，李妙行目前的持股比例为51%。

对于此次变动，刘涛坦言：“这只是家族企业内部的正常交接和传承。”刘涛回应称，目前，陶华碧仍然是贵阳南明老干妈风味食品有限责任公司的董事长和法人代表。

在分工上，李贵山负责销售，李妙行负责生产。为了求证“李辉”是否是“李妙行”的曾用名，2018 年 2 月 18 日，《中国经营报》报道了外界关心的问题，文中也提及刘涛的答复：“李辉与李妙行是同一人。”

这样的判断，源于在股权变更后的这几年里，老干妈依然保持稳健发展，并未发生断层等事件。

中山大学岭南学院民营企业研究中心主任储小平在接受《中国经营报》采访时坦言：“考虑到陶华碧已经在两三年前便逐步退出，但目前公司业务还算平稳，可以说该公司的接班传承是比较成功的。”

不可否认的是，作为家族企业的老干妈，在传承到第二代后，老干妈的企业发展方向同样备受关注。中国食品产业评论员朱丹蓬认为，陶华碧此次退出老干妈股权并不等同于其与企业的运营相脱离。她在接受《中国经营报》采访时说过，事实上陶华碧现在可以看作慈禧太后这样一个角色……目前老干妈的发展一定意义上来说遭遇了瓶颈，第二代接班人后期应该着力进行全方位的创新，包括顶层设计的创新、塔腰部分营销策略的创新、塔基部分关于整个产品及整个营销团队的创新等。

“陶华碧有自己的一套，你可以叫作‘干妈式管理’。”

在鼓吹企业管理全盘西化的某些人看来，仿佛只有欧美的企业制度才是最完美的，也是最有效的，似乎欧美的企业管理制度放之四海而皆准。然而，让这些鼓吹者尴尬的是，跨国企业在中国因为坚持欧美的现代企业制度而遭遇集体完败，这不得不说是开了一个黑色幽默的玩笑。

在东方悠久的历史文化中，中国传统的企业管理理念正在慢慢地苏醒过来。在老干妈，只有一些诸如“不能偷懒”之类的句子，更像是长辈的教诲而非员工必须执行的制度，却让老干妈稳健发展；在没有董事会、副董事长、副总经理的老干妈，企业依然高效地运转……老干妈的管理并非个案。还有娃哈哈，宗庆后同样在践行传统的家族企业管理模式，也赢得高速发展的机会。可以肯定地说，越来越多的中国企业家们利用最传统的管理理念，正在做强做大他们的企业，他们似乎听到了最传统的管理理念的召唤，并奋勇向前。

“老干妈”没有董事会、副董事长、副总经理

在老干妈的发展过程中，陶华碧不得不管理更多的员工，

毕竟经营企业远比做小吃店更加复杂。由于陶华碧没有上过学，很多管理问题就横亘在陶华碧面前，如需要在文件上签字时，由于陶华碧开始不会写自己的名字，就在右上角画个圆圈，这还是陶华碧从电视里学来的。

这样的签字容易被人模仿，特别是陶华碧的长子李贵山，他觉得这样签字很不安全。为此，李贵山在纸上写下“陶华碧”3 个大字，让母亲没事时就练习。

在练习的过程中，陶华碧对着自己名字的这三个字看了又看，一边摇头，一边为难地感叹：“这三个字，好打脑壳哦（贵州方言，意思是太难了）!”

尽管如此，陶华碧并未放弃，这可能与她倔强的性格有关。为了写好自己的名字，陶华碧硬是像描红一样，一笔一画地整整写了 3 天，终于攻下这个难关。这就是陶华碧仅仅认识的 3 个字。不过，这并不影响陶华碧发挥自己企业管理方面的才能。

在实际的管理中，陶华碧懂得用变通的方法来管理企业。在老干妈这个家族企业中，没有董事会、副董事长、副总经理，只有财务管理部、营销部、综合部、生产厂部和企业管理事务部 5 个部门，见图 5–3。

排在陶华碧下面的就是现任总经理谢邦银和董事长办公室主任王武，谢邦银分管业务，而王武分管行政。尽管分工很明确，谢邦银却称自己就是个“业务经理”，因为总要扑到一

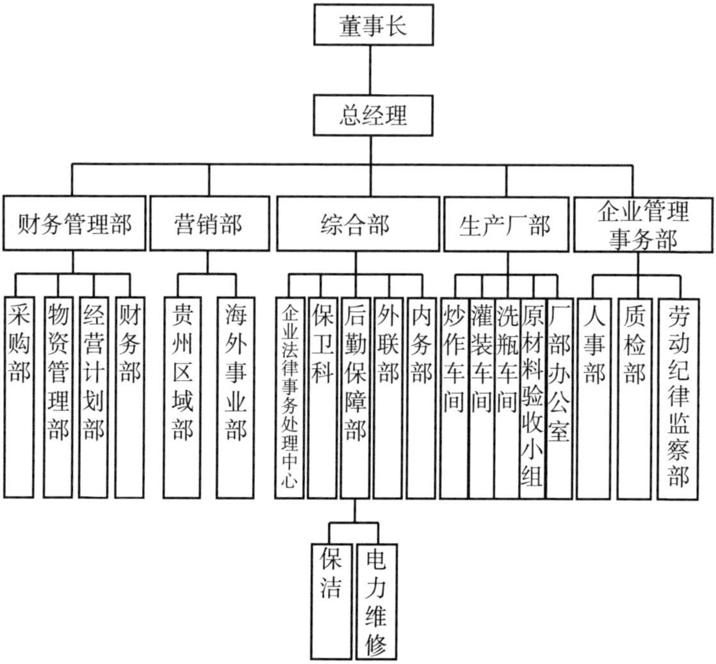

图 5–3　老干妈的部门设置

线拼命。可以肯定地说，老干妈的管理团队，大概是中国目前大型企业中最神秘的一支。陶华碧对他们的一个要求就是不能接受外界采访。坊间对这支团队的评价大致为：忠诚、勤勉、低调。

不可否认的是，任何一个企业的管理架构，也都是在实践中的经验总结。只要利于企业发展，就没有好坏之分。这就是老干妈这个家族企业不设董事会、副董事长、副总经理的关键原因。

不设副总经理的中国家族企业并非只有老干妈一个，娃哈哈也不设副总经理一职。为了揭开娃哈哈不设副职原因，《21世纪经济报道》以“您为何身兼公司董事长和总经理两个职务，而且不设副职”为提纲采访了娃哈哈创始人宗庆后。

宗庆后是这样解释的：计划经济的时候，有的国企领导内讧比较厉害，包括我们当时兼并的罐头厂。如果只有一个领导，哪怕告状打小报告也只有到我这里，不会形成帮派体系。实际上，娃哈哈的部长就相当于副总经理，生产部长管生产，财务部长管财务。我们民主集中制，有事情大家商量、讨论，但拍板之后必须执行，这样效率会比较高。

正是宗庆后深谙其中利弊，娃哈哈才赢得了高速发展的机会。娃哈哈官方网站上是这样介绍的：杭州娃哈哈集团有限公司创建于1987年，在创始人宗庆后的带领下，不断开拓，锐意进取，35年累计销售额8601亿元，利税1740亿元，上交税金742亿元。娃哈哈在全国29个省、市、自治区建有81个生产基地、187家子公司，拥有员工近3万人，企业规模和效益连续20年处于行业领先地位，位居中国企业500强、中国制造业500强、中国民营企业500强前列。产品涵盖包装饮用水、蛋白饮料、碳酸饮料、茶饮料、果蔬汁饮料、咖啡饮料、植物饮料、特殊用途饮料、罐头食品、乳制品、医药保健食品等10余类200多个品种，其中纯净水、AD钙奶、营养快线、八宝粥是家喻户晓的国民产品。除食品饮料研发、制造外，娃哈哈还是食品饮料行业少有的具备自行研发、自行设计、自行制造模具及饮料生产装备和工业机器人能力的企业。

所谓的规章制度更像是长辈的教诲

1997 年 10 月 5 日，老干妈公司正式创建，随之而来的管理问题让陶华碧面临着考验。1998 年，在长子李贵山的帮助下，陶华碧制定了老干妈的规章制度。

由于笔者没能找到这份制度的原文，但是据谢邦银介绍，他们没有员工手册，所谓的规章制度其实非常简单，只有一些诸如“不能偷懒”之类的句子，更像是长辈的教诲而非员工必须执行的制度。虽然没有详尽的管理制度，但是企业的业绩却像火箭般高速增长。然而，就靠这样一套没改过一个字的简单制度，老干妈始终保持稳定发展，公司内部从来没有传出过什么问题。

“陶华碧有自己的一套，你可以叫作‘干妈式管理’。”贵州大学讲师熊昉曾作为记者多次采访过陶华碧。他说：“比如龙洞堡离贵阳市区比较远，附近也没什么吃饭的地方，陶华碧决定所有员工一律由公司包吃包住。从当初 200 人的小厂开始，老干妈就有宿舍，一直到现在 2000 人，他们的工资福利在贵阳是顶尖的。”

在熊昉看来，老干妈的高速发展离不开陶华碧给员工的优越福利。

管理没有边界，其功夫通常在诗外

在融资、上市、资本经营满天飞的当下，各种借鸡生蛋的神话被风险投资商、一些投机的企业家及媒体疯传，如果企业家不融资、不上市、不资本经营，似乎就不能成为他们眼中的“企业家”。

然而，偏安贵阳的陶华碧却不信这一套。她采用现款现货的经营模式，尽管规模不是很大，但是在金融危机后时代的今天，老干妈的业绩却让人刮目相看。

在公开的报道中，陶华碧的“我从不欠别人一分钱，别人也不能欠我一分钱”的经营理念出现在媒体的头版头条上。

当然，陶华碧的这番言论自然遭致风险投资商和一些投机企业家的批评。有的认为，陶华碧没有上过学，无法理解融资、上市、资本经营对老干妈的积极作用，因此得出结论：老干妈没有融资、上市、资本经营而失去做大机会；有的认为，在当下，不融资、不上市、不资本经营是阻碍老干妈发展的绊脚石。

在这些人看来，国外的企业管理经验才是最好的管理范本。正是因为这样的鼓吹，使得中国的很多企业家们都热衷于读“洋管理类”图书。在这些企业家看来，“洋管理类”图书代表的是当今世界上最先进的管理思想。

殊不知，这样的观点是不全面的。任正非就非常反对这样的观点。在任正非看来，管理功夫应该在“诗外”。这则典故来源于宋代诗人陆游在晚年传授儿子写诗经验时写的一首《示子遹》诗中的一句——“汝果欲学诗，工夫在诗外”。

1208年（南宋嘉定元年），时年84岁的陆游在山阴（位于今之绍兴之内），自知时日不多，告诫儿子诗歌创作的经验，有研究者甚至将这首《示子遹》誉为陆游的一份文学遗嘱。其中引起争论的就是最后一句——“汝果欲学诗，工夫在诗外”。

一种观点认为，陆游在诗中阐释：一个诗人所创作的作品的好坏高下，是由作者经历、阅历、见解、识悟等多个因素所决定的。当然，陆游所说的“诗外工夫”，不仅仅是其才智、学养、操守、精神等，同样也是诗人要想写出好诗的“工夫”。但陆游强调作家对于客观世界的认知能力，主张从作家身体力行的实践、从格物致知的探索、从血肉交融的感应、从砥砺磨淬的历练，获得诗外的真功夫。陆游这个“诗外”说，倒百分百地意在诗内。唯其诗外功夫扎实而又充分，所以，他的诗词，在文学史上得以不朽。[①]

另一种观点认为，“诗外工夫”是功利性十足的商业营销策略，与陆游所言可以说是风马牛不相及的，与文学毫不搭

---

① 李国文：《功夫在诗外》，《中华读书报》2006年5月10日。

界。究其原因，是在当下物质横流的社会，作为饮食男女的作家们，习惯性地炒作“工夫在诗外”。

不过，笔者还是倾向于第一种观点。的确，对于一个积数十年经验的诗人而言，陆游不仅深深地体会到，写好一首诗，光熟读古人的诗句，光讲究诗的形式和技法，是远远不够的，而应把功夫下在掌握渊博的知识，参加社会实践上，深入生活，在阅历上下功夫，才是取得创作成功的根本保证。[①]

其实，陆游的话同样适用于企业管理中。一个经营者的管理水平，与自己熟读一些管理类书籍、掌握各类管理技巧有密切关系，但想要达到一个较高的境界，仅靠这些是远远不够的。

根据一个调查数据进行，中国的企业经营者读得最多的是管理类书籍，国外管理者则爱读历史、哲学等人文类书籍，我们常常会感叹于那些洋经理们超一流的职业水平，及其在经营管理上驾轻就熟、游刃有余，恐怕这与他们“诗外”的功夫是分不开的。

任正非也是如此。[②]据公开资料显示，任正非从来不看纯管理类的书籍，却对历史、哲学等人文类的书籍情有独钟，如

---

① 《任正非总结华为成功哲学：跳芭蕾的女孩都有一双粗腿》，《中国企业家》2014 年第 10 期。

② 《任正非总结华为成功哲学：跳芭蕾的女孩都有一双粗腿》，《中国企业家》2014 年第 10 期。

《胡耀邦与平反冤假错案》《不眠的硅谷》，特别是一些军事题材的电影和电视剧，如电影《南征北战》《莫斯科保卫战》和电视剧《身份的证明》《大秦帝国》《汉武大帝》《亮剑》等。

2012 年 11 月，华为常务董事会的民主生活会如期召开。会上，有人提议对任正非进行评价并投票，见表 5-4：

表 5-4 投票评价任正非

序号	问题	投票情况
1	老板（任正非）懂技术吗？	7 人投否定票
2	老板懂市场吗？	7 人投否定票
3	老板懂管理吗？	1 人投否定票

在这次投票中，投“老板懂管理吗”否定票的是时任华为副董事长的徐直军。徐直军敢于直言老板任正非的问题，即剥去了“老板的华丽外衣”，还原了真实的、有所为有所不为的、带有强烈任氏风格、对技术和市场乃至于企业管理并非都懂、只能算是“半瓶子醋”[①]的任正非。

这次投票客观地评价了任正非。正如任正非自己评价那样：我 20 多年主要是务虚，务虚占七成，务实占三成。

在管理中，任正非将自己的角色定位于：学习、思考、交流、传播。任正非的解释是，资源是会枯竭的，唯有文化生生不息。

尽管任正非已过古稀之年，其思想始终处于高度开放的

① 《任正非：华为为什么不上市？》，中国企业家网，2012 年 11 月 29 日。

状态。这是因为，任正非最大的爱好就是阅读和交流。据公开资料显示，任正非读书甚广，从政治、经济、社会到人文、文艺等各方面，中外历史方面的书读得最多，读得最少则是小说和经营管理方面的书籍。[①]

在创办华为的20多年间，任正非走遍了全球绝大多数国家，从最落后的国家到最发达的国家。他与全球数百位政治人物、商业巨子、学者、竞争对手、科学家乃至于艺术家、寺院中的僧侣等各色人物有过无数沟通、观点交流，无疑有着更广阔的视野。任正非大概是中国企业家中与全球各界人士交流最多、交流层次最高的第一人，这使得他成为中国最卓越的企业思想家之一。[②]

在华为内部讲话中，任正非时常鼓励和要求华为高层：要敢于用一杯咖啡，与世界上的大人物撞击思想。地球村就是一个开放式大学，处处有学问。

可能读者会问，为什么是“咖啡”（这是一个形象的说法，是指会议中间休息时，可以端杯咖啡与各种人交流），而不是茶？“茶”更具东方韵味，“咖啡”则是世界文化。[③]

与任正非倡导的“功夫在诗外”有着巨大差别的是在当

---

① 《任正非：华为为什么不上市？》，中国企业家网，2012年11月29日。

② 田涛、吴春波：《下一个倒下的会不会是华为》，中信出版社2012年版，第45—48页。

③ 《任正非：华为为什么不上市？》，中国企业家网，2012年11月29日。

下，浮躁的情绪浸淫着一些企业家的内心。“洋”管理类书籍如同精神鸦片一样毒害着成千上万的企业家。

在撰写《日本百年企业的长赢基因》时，笔者惊奇地发现，在很多拥有上百年历史的日本企业中，都能看到中国旧时的商帮文化。其实，中国商业管理思想相对来说还是比较先进的，只不过，由于中国在1840年鸦片战争中被打败，使得中国传统的商帮文化被破坏，西方的科技神话和管理神话也开始入侵中国商人的经商文化。一些企业管理者就开始过分迷恋西方的管理思想。

在一海之隔的日本，尽管遭遇“黑船事件”，却在明治维新中依然继承和发扬了中国的商帮文化，旧时的财阀影响着日本近现代政府的某些决策。可以说，今天很多日本百年企业仍然重视商帮文化。

不可否认的是，正是这些商帮文化，使得日本的百年老店达到惊人的2万多家。然而，在20世纪70年代，特别是1975年后建立的公司，仅仅只有620家。

对此，日本大藏省前副财务官船桥晴雄就曾撰文指出，自1840年的鸦片战争以来，欧美，特别是美国的资本主义成为主导世界的潮流。它崇拜绝对化的个人自由与尊严，追求无止境的社会进步与发展，政治上实行民主主义，经济上最大限度地发挥市场机能。这种只追求利润的资本主义经济逐渐蔓延到整个世界，导致了地球环境的恶化，地域社会的崩溃，激化了恐怖主义，给社会带来严重的不安。2008 年雷曼公司破产引发的全球金融危机，足以使我们认识到资本主义社会的极限。它无疑表明，欧美的资本主义已走到了尽头。那么，资本主义之后又会是一个什么样的社会呢？也许比起绝对化的个人自由来说，更强调先有集体才有个人，重视集体主义；也许比起固执于某一方的绝对正确性来说，更类似于中国古代‘阴阳’思想的二元论思想；也许比起无止境的社会进步与发展来，更重视安定、协调、幸福；等等。[①]

船桥晴雄的观点给老干妈这样一个传统企业很好的肯定，同时也给中国企业，特别是中国家族企业指明了一个方向，那就是中国传统的管理理论才是支撑着世界家族企业发展壮大的核心因素，尽管沃尔玛没有直接采用中国古代的管理理论，却实践了中国古代开分号的连锁管理理论。对于陶华碧来说，她坚持现款现货的经营策略也符合中国国情，因为在 20 世纪 90 年代，三角债一度困扰中国的企业家们。

① ［日］船桥晴雄：《日本长寿企业的经营秘籍》序言：致中国读者朋友，清华大学出版社 2011 年版。

第六章

老干妈离上市到底还有多远

2018 年 8 月，深交所奔赴贵州的信息不胫而走，被誉为“下饭神器”的老干妈再次吸引了资本市场的众多目光。

根据中国证监会网站 2018 年 8 月 6 日的一则消息，当年 7 月 25 日，深圳证券交易所副总经理王红一行赴黔考察，且联合贵州证监局、贵州省金融办，赴贵州货车帮科技有限公司、贵阳南明老干妈风味食品有限公司、贵州一树连锁药业有限公司调研，同时参加了在贵州双龙航空港经济区管委会举办的资本市场服务实体经济座谈会。

此次座谈会由贵州双龙航空港经济区管委会副主任李伟主持。会上，区内 3 家拟上市企业、5 家拟改制企业汇报了企业生产经营情况，以及拟登陆资本市场情况。与此同时，管委会提出，请求深交所、证监局、金融办解决区内企业改制上市存在的重大问题。

之所以吸引王红赴黔地考察，是因为近几年贵州经济的发展速度相对较快，尤其是大数据、食品、医药等行业的发展势头相对较好。其间一大批社会关注度高、竞争力较强的企业成为资本市场争抢的战略资源，有的企业由此成为资本市场的明星企业，有的企业（比如老干妈）尚未涉足资本市场，但潜在的需求让作为深圳证券交易所副总经理的王红看到了巨大的机遇。

正因为如此，王红考察贵州企业，目的就是要为拟通过上市、发债等进入资本市场的企业提供有针对性的服务和辅导。

为此，王红详细地介绍了深交所的市场状况、产品结构、监管服务等情况，同时也详细地分析了当前资本市场服务实体经济形势，以及上市对企业内部管理、品牌形象、经营发展的积极作用。

最后，王红表示，欢迎贵州企业去深交所上市、发债……深交所将一如既往，为贵州企业在发行上市、发行公司债和 ABS 等方面提供专业支持，为贵州脱贫攻坚和经济社会发展提供服务。

此消息一石激起千层浪，甚至让资本市场关注者暗自揣摩：20 多年来一直坚持“不要贷款、不要参股、不融资、不上市”的老干妈，会不会放弃自己的底线，“忍不住诱惑”考虑上市，欣然地接受深交所的橄榄枝呢?

“深交所就是来看看，老干妈不会上市，未来也没有上市的计划。”

既然深交所派员去贵州调研，给 3 家公司做上市培训，那当然就是为上市做准备的。其后，老干妈上市的传闻在市场上传开了。

2018 年 8 月 8 日，陶华碧的秘书刘涛回应：深交所就是来看看，老干妈不会上市，未来也没有上市的计划。

对于任何一个有志于上市的企业来说，都必须有一个“上市培育期”，规范其符合上市必需的具体条件。其间，有上市需求的企业，就需要交易所的相关辅导。

所谓“上市培育期”，指从有意向上市的企业正式启动上市程序开始，到成功完成上市目标这个过程。

一般来说，在成功上市的前期阶段，即从准备上市到制作申报文件阶段，往往要经历一个漫长的过程。也就是说，有意向上市的企业从准备上市开始，到最终完成上市，往往需要不少于 3 年的时间。其间，企业需要根据中华人民共和国的法律、行政法规以及中国证监会、交易所的相关要求，在政府组织的培训机构或者中介机构的主导下，结合自身具体情况，对企业设立、历史沿革、股东、资产、业务、机构、财务、人员等各方面情况进行梳理和重组、规范，从而满足上市所需要达到的条件。

一般来说，交易所对即将上市的培育对象有如下几下：

在某一行业或者技术等拥有一定的竞争优势，但是尚不具备在中国大陆地区的主板、创业板上市条件。

由于该企业拥有迅速发展的潜力，交易所对其有针对性地进行规范运作和上市知识的普及培训，让此部分处于培养期的高新技术企业能够在1~3年内达到符合上市的条件。

其培育内容如下：对符合产业政策、业绩优良、成长性好，有上市意愿的优秀企业，进行现代企业制度基本知识、资本市场和资本运作基本知识、中小企业上市条件与程序、中小企业发展中面临的主要问题等进行培训和指导，引导其创造条件争取上市融资。

在上市培育中，培育机构有如下几个：（1）政府在中小企业上市培育工程中组织的培训班；（2）进行上市培育的服务性机构、中介机构和律师事务所等。

基于此，王红对包括老干妈在内的企业进行相关的上市辅导，集中在两点：第一，符合交易所上市条件；第二，合规的信息披露制度。

相关辅导之一：符合交易所上市条件

虽然此刻的老干妈没有上市意愿，但是对包括老干妈在内的任何一个企业经营者来说，其企业成功上市的前提是必须符合《中华人民共和国公司法》《中华人民共和国证券法》《首次公开发行股票并上市管理办法》等法律法规。在这里，我们分别来介绍上海证券交易所、深圳证券交易所、香港证券交易所的上市条件及相关程序。

1. 上海证券交易所发行上市条件及相关程序

根据上海证券交易所在《迈向新蓝筹——在上海证券交易所上市》的报告中介绍，在上海证券交易所首次公开发行股票并上市，企业除了符合《中华人民共和国公司法》《中华人民共和国证券法》《首次公开发行股票并上市管理办法》《上海证券交易所股票上市规则》等法律法规外，还必须满足如下条件，见表 6–1①：

表 6–1　上海证券交易所发行上市条件摘要

（1）主体资格	合法存续的股份有限公司
	自股份有限公司成立后，持续经营时间在 3 年以上，整体变更除外
	最近 3 年内主营业务和董事、高级管理人员没有发生重大变化，实际控制人没有发生变更
	股权清晰、稳定
（2）独立性	具有完整的业务体系和直接面向市场独立经营的能力
	“五独立”：资产完整、人员独立、财务独立、机构独立、业务独立
	规范关联交易，避免同业竞争

① 《迈向新蓝筹——在上海证券交易所上市》，上海证券交易所官网，2019 年。

续表

（3）规范运行	依法建立健全股东大会、董事会、监事会、独立董事、董事会秘书制度
	内部控制制度健全且被有效执行
	公司章程明确对外担保的审批权限和审议程序，不存在为控股股东、实际控制人及其控制的其他企业进行违规担保的情形
	有严格的资金管理制度，不得有资金被控股股东、实际控制人及其控制的其他企业以借款、代偿债务、代垫款项或者其他方式占用的情形
（4）财务专项指标	最近 3 个会计年度净利润均为正数，且净利润累计＞3000 万元
	最近 3 个会计年度经营活动产生的现金流量净额＞5000 万元；或最近 3 个会计年度营业收入累计＞3 亿元
	发行前股本≥3000 万元
	最近一期末无形资产占净资产比例≤20%
	最近一期末不存在未弥补亏损
	最近三年无重大违法行为，财务会计报告无虚假记载
（5）募集资金运用	募集资金应当有明确使用方向，原则上应当用于主营业务
	募集资金数额和投资项目应当与发行人现有生产经营规模、财务状况、技术水平和管理能力等相适应
	募集资金投资项目应当符合国家产业政策、投资管理、环境保护、土地管理以及其他法律、法规和规章的规定
	发行人应当建立募集资金专项存储制度，募集资金应当存放于董事会决定的专项账户
（6）股本及公开发行比例	发行后股本总额≥5000 万元，公开发行比例须≥25%
	如果发行后股本总额＞4 亿元，公开发行比例须≥10%

此外，当企业符合上述条件后，还必须清楚上海证券交易所的发行上市的相关程序。在《迈向新蓝筹——在上海证券交易所上市》报告中提到，依照《中华人民共和国公司法》《中华人民共和国证券法》及中国证监会和交易所颁布的规章等有关规定，企业公开发行股票并上市应遵循以下五个步骤。

第一步，改制与设立股份公司。当企业确定上市计划后，首要的任务就是启动改制与设立股份公司。具体步骤如下：（1）企业确定上市计划或拟定改制重组方案，聘请中介对方案进行可行性论证；（2）对资产进行审计，评估；（3）签署发起人协议和起草公司章程等文件；（4）设置公司内部组织结构，登记设立股份有限公司。[①] 此阶段耗费的时间需按照实际的情况而定。

第二步，尽职调查与辅导。在该阶段，具体的操作步骤如下：（1）保荐机构和其他中介机构对公司进行尽职调查、问题诊断、专业培训和业务指导；（2）完善组织和内部管理，规范企业行为，明确业务发展目标和募集资金投向；（3）对照发行上市条件对存在的问题进行整改，准备首次公开发行申请文件。[②] 此阶段耗费的时间需按照实际的情况而定。

第三步，申请文件的制作与申报。在此阶段，具体的操作步骤如下：（1）企业和所聘请的中介机构，按证监会的要求

① 《迈向新蓝筹——在上海证券交易所上市》，上海证券交易所官网，2019 年。
② 《迈向新蓝筹——在上海证券交易所上市》，上海证券交易所官网，2019 年。

制作申请文件；（2）保荐机构进行内核并向中国证监会尽职推荐；（3）符合申报条件的，中国证监会在 5 个工作日内受理申请文件。[①] 此阶段耗费的时间为 2~3 个月。

第四步，申请文件的审核。据《迈向新蓝筹——在上海证券交易所上市》报告显示，在该步骤分为三个阶段：（1）初审。证监会正式受理申请文件后，进行初审，同时征求省级政府和国家有关部委意见；证监会向保荐机构反馈意见，保荐机构组织发行人和中介机构对审核意见进行回复或审核证监会对根据初审意见补充完善的申请文件进一步审核。初审会前，进行申请文件预披露。（2）发行审核委员会审核。将初审报告和申请文件提交发行审核委员会审核。（3）核准发行。依据发行审核委员会审核意见，证监会对发行人申请作出决定。[②] 此阶段耗费的时间为 3~9 个月。

第五步，发行与上市。在该阶段耗费的时间为 3~4 周。具体的操作步骤如下：（1）刊登《招股意向书》；（2）确定价格区间，网上路演；（3）刊登《上市公开书》；股票正式上市。[③] 见图 6–1。[④]

① 《迈向新蓝筹——在上海证券交易所上市》，上海证券交易所官网，2019 年。
② 《迈向新蓝筹——在上海证券交易所上市》，上海证券交易所官网，2019 年。
③ 《迈向新蓝筹——在上海证券交易所上市》，上海证券交易所官网，2019 年。
④ 《迈向新蓝筹——在上海证券交易所上市》，上海证券交易所官网，2019 年。

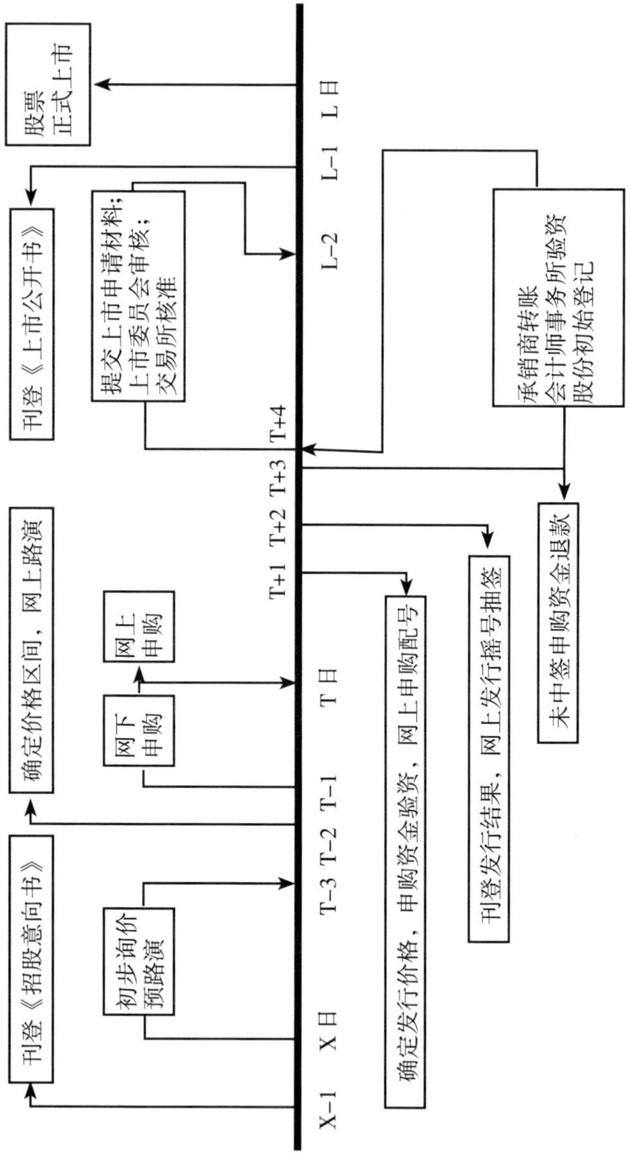

图 6-1 发行与上市阶段的操作步骤

2. 深圳证券交易所发行上市条件和流程

选择在何地上市，取决于企业的实际情况。根据深圳证券交易所官网的资料显示，企业首次公开发行股票并在深圳证券交易所中小企业板、创业板上市必须满足的主要条件请见表6–2[①]、表6–3[②]：

表 6–2　中小企业板主要发行上市条件

项目	条件
（1）主体资格	合法存续的股份有限公司
	自股份公司成立后，持续经营时间在 3 年以上，但经国务院批准的除外
	最近 3 年内主营业务和董事、高级管理人员没有发生重大变化，实际控制人没有发生变更
（2）独立性	具有完整的业务体系和直接面向市场独立经营的能力
	“五独立”：资产完整、人员独立、财务独立、机构独立、业务独立
	发行人的业务独立于控制股东、实际控制人及其控制的其他企业，与控股股东、实际控制人及其控制的其他企业间不得有同业竞争或者显失公平的关联交易
（3）规范运作	依法建立健全股东大会、董事会、监事会、独立董事、董事会秘书制度
	内部控制制度健全且被有效执行
	发行人最近 36 个月内无重大违法违规行为，或严重损害投资者合法权益和社会公共利益的其他情形
	公司章程明确对外担保的审批权限和审议程序，不存在为控股股东、实际控制人及其控制的其他企业进行违规担保的情形
	有严格的资金管理制度，不得有资金被控股股东、实际控制人及其控制的其他企业以借款、代偿债务、代垫款项或者其他方式占用的情形

① 《深交所发行上市条件》，深圳证券交易所官网，2019 年 7 月 23 日。

② 《深交所发行上市条件》，深圳证券交易所官网，2019 年 7 月 23 日。

续表

项目	条件
（4）财务与会计	最近3个会计年度净利润均为正数且净利润累计 >3000万元，净利润以扣除非经常性损益前后较低者为计算依据
	最近3个会计年度经营活动产生的现金流量净额累计 >5000万元；或最近3个会计年度营业收入累计 >3亿元
	发行前股本≥3000万股
	最近一期末无形资产占净资产的比例≤20%
	最近一期末不存在未弥补亏损
	内部控制在所有重大方面有效，会计基础工作规范，财务会计报告无虚假记载
	不存在影响发行人持续盈利能力的情形
（5）募集资金运用	募集资金应当有明确的使用方向，原则上应当用于主营业务
	募集资金数额或投资项目应与发行人现有生产经营规模、财务状况、技术水平和管理能力等相适应
	募集资金投资项目应当符合国家产业政策、投资管理、环境保护、土地管理以及其他法律、法规和规章的规定
	募集资金投资项目实施后，不会产生同业竞争或者对发行人独立性产生不利影响
	发行人应当建立募集资金专项存储制度，募集资金应当存放于董事会决定的专项账户
（6）股本及公开发行比例	发行后总股本 <4亿股，公开发行比例须≥25%
	发行后总股本 >4亿股，公开发行比例须≥10%
	注：如公司存在H股流通股，则公开发行比例以H股、A股流通股合计值为计算依据
（7）股东承诺	控股股东和实际控制人应当承诺：自发行人股票上市之日起36个月内，不转让或者委托他人管理其直接或者间接持有的发行人公开发行前已发行的股份，也不由发行人回购其直接或者间接持有的发行人公开发行前已发行的股份

表 6–3　创业板主要发行上市条件

项目	条件
（1）主体资格	依法设立且持续经营 3 年以上的股份有限公司。有限责任公司按原账面净资产值折股整体变更为股份有限公司的，持续经营时间可以从有限责任公司成立之日起计算
	发行人应当主要经营一种业务，生产经营活动符合法律、行政法规和公司章程的规定，符合产业政策及环保政策
	发行人最近两年内主营业务和董事、高级管理人员均没有发生重大变化，实际控制人没有发生变更
（2）规范运作	股权清晰，控股股东和受控股股东、实际控制人支配的股东所持发行人的股份不存在重大权属纠纷
	依法建立健全股东大会、董事会、监事会以及独立董事、董事会秘书、审计委员会制度、股东投票计票制度
	内部控制制度健全
	发行人及其控股股东、实际控制人最近 3 年内不存在损害投资者合法权益和社会公共利益的重大违法行为
（3）财务与会计	最近两年连续盈利，最近两年净利润累计不少于 1000 万元；或者最近一年盈利，最近一年营业收入不少于 5000 万元。净利润以扣除非经常性损益前后孰低者为计算依据
	最近一期末净资产不少于 2000 万元，且不存在未弥补亏损
	发行后股本总额不少于 3000 万元
	会计基础工作规范，内部控制制度健全有效，财务会计报告无虚假记载
（4）信息披露	分析并完整披露对其持续盈利能力产生重大不利影响的所有因素
	披露已达到发行监管对公司独立性的基本要求
	凡是对投资者作出投资决策有重大影响的信息，均应当予以披露

如前所述，当企业满足深圳证券交易所中小企业板、创业板上市的主要条件后，还必须清楚深圳证券交易所的上市流程，详见图 6–2[①]。

按照深圳证券交易所的发行上市流程，共分为 6 个部分，见表 6–4[②]。

表 6–4　深圳证券交易所中小企业板、创业板企业改制上市流程

工作阶段	工作内容	时间
（1）改制与设立股份公司	企业拟定改制重组方案，聘请证券中介机构对方案进行可行性论证	视实际情况而定
	对拟改制的资产进行审计、评估，签署发起人协议，起草公司章程等文件	
	设置公司内部组织机构，设立股份有限公司	
（2）尽职调查与辅导	向当地证监局申报辅导备案	视实际情况而定
	保荐机构和其他中介对公司进行尽职调查、问题诊断、专业培训和业务指导	
	完善组织机构和内部管理，规范企业行为，明确业务发展目标和募集资金投向	
	对照发行上市条件对存在的问题进行整改，准备首次公开发行申请文件	
	当地证监局对辅导情况进行验收	

① 《深交所发行上市流程》，深圳证券交易所官网，2019 年 7 月 23 日。

② 《深交所发行上市流程》，深圳证券交易所官网，2019 年 7 月 23 日。

续表

工作阶段	工作内容	时间
（3）申请文件的申报	企业和证券中介按照证监会的要求制作申请文件	2~3 月
	保荐机构进行内核并向证监会尽职推荐	
	符合申报条件的，证监会在 5 个工作日内受理申请文件	
（4）申请文件的审核	证监会对申请文件进行初审，如申报中小板还需征求发行人所在地省级人民政府和国家发改委意见，如申报创业板无须征求意见	3~9 月
	证监会向保荐机构反馈意见，保荐机构组织发行人和中介机构对相关问题进行整改，对审核意见进行回复	
	证监会根据反馈回复继续审核，预披露申请文件，召开初审会，形成初审报告	
	证监会发审委召开会议对申请文件和初审报告进行审核，对是否同意发行人上市投票表决	
	依据发审委审核意见，证监会对发行人申请作出决定	
（5）路演、询价与定价	发行人在指定报刊、网站全文披露招股说明书及发行公告等信息	3~4 周
	主承销商与发行人组织路演，向投资者推介和询价，并确定发行价格	
（6）发行与上市	根据证监会规定的发行方式公开发行股票	
	向证券交易所提交上市申请	
	在登记结算公司办理股份的托管与登记	
	在深交所挂牌上市	

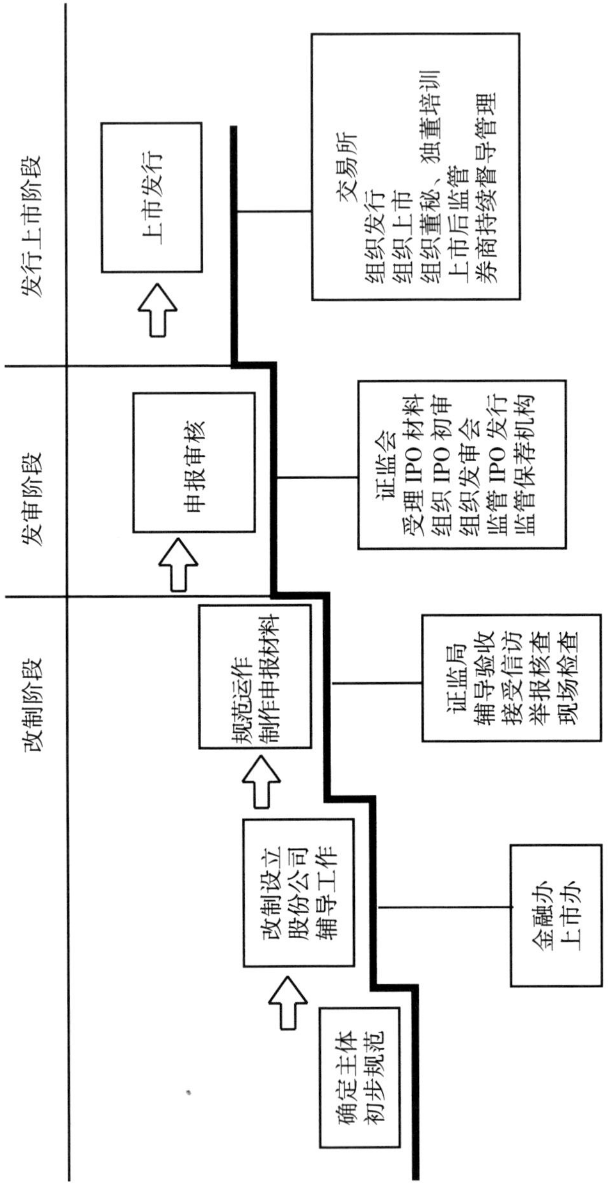

图 6-2 深圳证券交易所发行上市流程

3. 香港证券交易所发行上市条件和流程

到香港证券交易所上市，企业需要满足哪些要求呢？客观地讲，企业在香港证券交易所主板上市的要求相对较高，尤其是涉及三项财务方面要求，这三项要求如下：

（1）3 年累计盈利≥ 5000 万港元，预期市值≥ 2 亿港元。

（2）最近一年收入≥ 5 亿港元，预期市值≥ 40 亿港元。

（3）最近一年收入≥ 5 亿港元，预期市值≥ 20 亿港元。

经营业务有现金流入，前 3 年营业现金流合计≥ 1 亿港元。

除了财务标准外，香港证券交易所还提出了 6 项其他要求：

（1）要求最低公众持股量为 25%（如上市时市值 >100 亿港元可减至 15%）；

（2）至少有 300 名股东；

（3）管理层最近 3 年不变；

（4）拥有权和控制权最近 1 年不变；

（5）至少有 3 名独立董事，且必须占董事会成员人数至少 1/3；

（6）每半年提交财务报告等。

相比于主板，在香港证券交易所创业板上市的条件相对要宽松得多，其中财务要求如下：经营业务有现金流入，前两年营业现金流合计≥ 2000 万港元，预期市值≥ 1 亿港元。从这个角度可以解读为在香港证券交易所创业板上市，没有盈利要求。另外，创业板上市要求管理层最近两年不变，至少有

100 名股东，上市后每季度提交一次财务报告等。香港证券交易所的官网资料，详情见表 6–5。

表 6–5　香港证券交易所主板和 GEM 上市条件

主板			GEM
为根基稳健的公司而设的市场；上市公司包括综合企业、银行、房地产开发公司、互联网及健康医疗公司			为中小型企业而设的市场
财务要求（符合以下其中一项测试）			财务要求
盈利测试	市值 / 收入测试	市值/收入/现金流量测试	• 经营业务有现金流入，前两年营业现金流合计≥ 3000 万港元 • 市值≥ 1.5 亿港元
•3 年累计盈利≥ 5000 万港元 • 市值≥ 5 亿港元	• 最近一年收入≥ 5 亿港元 • 市值≥ 40 亿港元	• 最近一年收入≥ 5 亿港元 • 市值≥ 20 亿港元 • 经营业务有现金流入，前三年营业现金流合计≥ 1 亿港元	• 最低公众持股量一般为 25%（如上市时市值 >100 亿港元可减至 15%） • 至少 100 名股东 • 管理层最近两年不变 • 拥有权和控制权最近一年不变 • 至少 3 名独立董事，并必须占董事会成员人数至少 1/3 • 要求每一季度提交财务报告
• 最低公众持股量一般为 25%（如上市时市值 >100 亿港元可减至 15%） • 至少 300 名股东 • 管理层最近 3 年不变 • 拥有权和控制权最近一年不变 • 至少 3 名独立董事，并必须占董事会成员人数至少 1/3 • 要求每半年提交财务报告			

资料来源：世界交易所联合会、香港交易所。注 1：包括主板及 GEM 上市公司。

当了解了上市条件后，其主板上市流程如下，见表 6–6。[①]

表 6–6　香港证券交易所主板上市流程

步骤	内容
（1）委任保荐人及其他专业顾问	委任有经验的专业顾问团队是新股成功上市的关键。专业顾问一般包括保荐人及包销商、外国及本地律师、会计师等。上市申请人须于提交上市申请前至少两个月委任保荐人，并于委任后 5 个营业日内书面通知香港交易所 公司务须征询专业顾问团队的意见，以商讨公司是否适合上市、上市所需之时间和费用及在上市后将面对的问题、挑战与持续责任
（2）筹备上市流程	专业顾问对公司进行尽职审查，并协助拟备招股章程（此阶段的招股章程拟稿亦称“申请版本”）。招股章程须载有一切所需资料，能让投资者作出有根据的投资决定
（3）向上市部提交上市申请	向上市部提交上市申请（“A1”，包括申请版本）。假若 A1 的资料大致完备，上市部会确认收悉，并在网站登载中英文申请版本
（4）上市部审阅申请	上市部其后会对 A1 进行详细审核，评估公司是否符合上市资格、是否适宜上市、业务是否可持续、公司是否遵守规定以及作出充分披露。首轮意见会于接获申请后 10 个营业日内发出。上市时间并没有一个预设的时间表，主要取决于公司回复的时间及质量
（5）上市委员会聆讯	上市委员会审阅新上市申请，确定申请人是否适合进行首次公开招股
（6）推广期	包销商一般会协助公司筹备推广活动，包括投资者教育及新股路演
（7）在香港联交所上市	成功定价及分配股份予机构投资者和散户后，公司便会在香港联交所上市及进行买卖

相关辅导之二：合规的信息披露制度

交易所在辅导企业上市时，除了辅导相关的符合上市的

① 《主板上市流程》，香港证券交易所官网，2019 年 7 月 23 日。

条件外，就是辅导其合规的信息披露制度。原因是企业一旦上市，就是公众企业，有义务披露相关的财报信息和重大临时报告。对此，交易所在辅导时，会提供相关的信息披露范围和基本原则的相关培训。

1. 上市公司信息披露的范围

虽然上市企业的信息披露内容较多，但是据上海证券交易所发布的《迈向新蓝筹——在上海证券交易所上市》报告显示，其报告主要分为两个：第一，定期报告，见表 6–7。[①]

表 6–7 定期报告及主要内容

项目	内容	
定期报告的时间	年报	须在每个会计年度结束后 4 个月内公告
	半年报	须在每个会计年度上半年结束后 2 个月内公告
	一季报	须在每个会计年度前 3 个月结束后 1 个月内公告 不得早于上一年年报披露
	三季报	须在每个会计年度前 9 个月结束后 1 个月内公告
定期报告的主要内容	公司的基本情况	
	业务数据摘要	
	董事情况	
	监事情况	
	高管情况	
	员工情况	
	会计数据摘要	
	公司治理结构	

① 《迈向新蓝筹——在上海证券交易所上市》，上海证券交易所官网，2019 年。

续表

项目	内容
定期报告的主要内容	股东大会情况
	董事会报告
	监事会报告
	财务报告
	其他事项

根据表 6-7 所示，定期报告包括年报、半年报和季报以及三季报；定期报告的主要内容如下：公司的基本情况；业务数据摘要；董事情况；监事情况；高管情况；员工情况；会计数据摘要；公司治理结构；股东大会情况；董事会报告；监事会报告；其他重要事项。①

按照上海证券交易所的披露制度要求，上市企业的年报必须在每个会计年度结束后 4 个月内公告；半年报必须在每个会计年度上半年结束后 2 个月内公告；一季报必须在每个会计年度前 3 个月结束后 1 个月内公告，不得早于上一年年报披露时间；三季报必须在每个会计年度前 9 个月结束后 1 个月内公告。②

第二，临时报告。内容见表 6-8。③

① 《迈向新蓝筹——在上海证券交易所上市》，上海证券交易所官网，2019 年。
② 《迈向新蓝筹——在上海证券交易所上市》，上海证券交易所官网，2019 年。
③ 《迈向新蓝筹——在上海证券交易所上市》，上海证券交易所官网，2019 年。

表 6–8　临时报告及常见的重大事件

项目	内容	
临时报告	公告时间	当有关重大事件发生后，上市公司应立即向中国证监会和上交所报送临时报告，并予以公告
	报告内容	需说明事件的起因、目前的状态和可能产生的法律后果
	对重大事件的理解	对股票交易价格可能产生较大影响，投资者尚未得知的事件
常见的重大事件	公司的经营方针或经营范围发生重大变化	
	公司有重大的投资行为或购置财产的决定	
	签订重要合同	
	发生重大债务违约情况	
	发生重大亏损或重大损失	
	生产经营的外部条件发生重大变化	
	董事，1/3 以上监事或经理发生变动	
	持股 5% 以上股东或实际控制人发生变化	
	公司减资、合并、分立、解散及申请破产	
	涉及公司的重大诉讼	
	股东大会、董事会决议被依法撤销	
	被司法机关立案调查	
	董事、监事、高管涉嫌犯罪	

2. 信息披露制度的基本原则

上市企业披露真实企业信息，作用有两个：第一，利于投资者更好地了解企业的经营情况，评估其投资风险；第二，让证券市场更加透明和规范。

按照相关的法律法规，所有上市企业都必须真实、及时、准确地披露年度财务报告、中期财务报告和重大事项公告，即使是 ST、PT 企业，也必须公布其季报。

既然如此，作为上市企业，其信息披露的基本原则主要包括以下几个方面：

（1）真实、准确、完整。在公开发布的报告中，信息披露的内容必须真实、准确和完整。

所谓真实性，指上市企业披露的信息必须是客观真实存在的，与客观发生的事实必须是一致的。

所谓准确性，指上市企业披露的信息必须准确，尤其是财务报告、盈利预测报告，是要经过有资质的会计师事务所审计或审核过的。

所谓完整性，指上市企业所披露的信息，能够让投资者有足够的投资判断依据。

（2）及时。当重大事件发生后，上市企业必须及时地发布临时公告。及时性原则，包括两个方面：一是定期报告的法定期间不能超越；二是重要事实的及时报告制度。这意味着当原有企业信息发生实质性变化时，上市企业必须及时地更改和补充发布公告，让投资者能够准确、及时地了解当前真实有效的企业事件信息。

（3）风险揭示。根据“中国证券监督管理委员会关于发布《公开发行证券的公司信息披露内容与格式准则第 7 号——股票上市公告书》的通知”的文件显示，发行人在公开招股说明书、债券募集办法、上市公告书、持续信息披露过程中，对有关部分简要披露发行人及其所属行业、市场竞争和盈利等方面的现状及前景，并向投资者简述相关的风险。[①]

（4）保护商业秘密。根据“中国证券监督管理委员会关于发布《公开发行证券的公司信息披露内容与格式准则第7号——股票上市公告书》的通知”的文件显示，由于商业秘密等特殊原因致使某些信息确实不便披露的，发行人可向中国证监会申请豁免。[②]

上市企业在公开披露信息前，内幕信息也被视为商业秘密。基于此，在没有公开披露内幕信息时，任何当事人都不能违反泄露有关信息的法规，或者利用内幕信息谋取不正当利益。一旦被发现，当事人将为之付出惨重代价。

正因为如此，在西方国家的家族企业中，很多家族企业都不愿意上市，理由就是不愿意接受上市公司严格的信息披露制度，比如上市要求披露财务数据。在上市之前，除了税务部门，就没有任何机构要求披露公司财务信息，但上市以后就必须要做到财务透明，甚至连一些商业秘密也会公开，当股东知道企业商业秘密时，家族企业的竞争者也根据季报、半年报、年报知道其商业机密，从而给家族企业带来诸多不利因素。因

① 中国证券监督管理委员会：《关于发布〈公开发行证券的公司信息披露内容与格式准则第7号——股票上市公告书〉的通知》，2001年3月15日。

② 中国证券监督管理委员会：《关于发布〈公开发行证券的公司信息披露内容与格式准则第7号——股票上市公告书〉的通知》，2001年3月15日。

为家族企业一旦上市，就必须公开企业的信息，即使某些商业秘密也不例外，这是对上市公司的竞争力的巨大挑战。同时，证券市场的监管力度越来越大，宏观政策由原来保护所有的上市公司转为监管违规企业。如此之弊端是家族企业所不可能承受的。

老干妈上市与否与接班人的战略规划有关

对于任何一个企业来说，是否上市，通常有内部原因和外部原因：（1）内部原因，一般包括股权结构、是否缺乏拓展业务所需要的资金以及社会化，等等。（2）外部原因，包括政府某些官员的政绩工程、市场因素，等等。

对于老干妈的上市问题，陶华碧的态度很坚决。她说道："一有政府人员跟我谈上市，我跟他说：谈都不要谈！免谈！你问我要钱，我没得，要命一条。"

创始人不上市，并不等于接班人不上市

中外家族企业中的创始人通常不愿意让自家企业上市，但是随着接班人的登台，创始人的实际控制力相对弱化后，真正掌权的接班人，有的会让家族企业所有权和经营权社会化，直到上市，成为公众公司；有的会铭记创始人的教诲，一步一个脚印地将其打造成为百年老店。

从这个角度来讲，老干妈上市与否，取决于接班人的战略规划和自身的性格，以及对创始人不上市的指导思想是否遵从。

按照这样的逻辑，目前的老干妈大概率是没有上市的可

能。资料显示，早在 2003 年，贵阳市政府领导就曾建议陶华碧借助贵阳市政府的资源让老干妈通过借壳的方式上市。贵阳市政府的用意很明显，通过上市融资的渠道，扩大老干妈公司的规模。面对政府的一番好意，作为创始人的陶华碧，却一口谢绝了。

面对老干妈这个大“蛋”，很多机构通过各种关系，想尽各种办法，外部资金依然无法注入老干妈这个“无缝的蛋”。

在陶华碧看来，老干妈只有抵制资本的诱惑，才有可能打造成为百年老店。在公司召开的全体员工大会上，陶华碧说：“企业我带不走，这块牌子我也拿不走。毛主席说过：‘未来是你们的。’我一想呀，我这么拼命搞，原来是在给你们打工哩！你们想想是不是这个道理？为了你们自己，你们更要好好干呀！”

在接受媒体采访时，陶华碧说出不上市的理由，她说：“我教育儿子，就好生生做人，好生生经商。千万千万不要入股、控股、上市、贷款，这四样要保证，保证子子孙孙做下去。所以一有政府人员跟我谈上市，我跟他说：谈都不要谈！免谈！你问我要钱，我没得，要命一条。”

在上市这条路上，陶华碧的做法相对比较慎重，即使政府官员来谈，也敢于拒绝。当然，创始人不上市，并不等于接班人不上市，这个必须依据不同企业的发展阶段而定。在这里，我们分析一下福特汽车公司从不上市到上市之路。

1943年，独生子爱德塞·福特病死后，福特汽车创始人亨利·福特不得不把福特汽车公司的管理权交给其孙子亨利·福特二世。

然而，珍珠港事件的爆发，以及美国的参战，亨利二世和本森两兄弟都应征入伍，一度失控的家族矛盾暂时被搁置了起来。但是，福特家族的内部纷争已经拉开了序幕。

1945年，战后凯旋归来的亨利二世走向前台。福特汽车公司的继位之争终于公开化。1945年9月21日，亨利·福特迫不得已任命孙子为公司总裁，但是亨利二世要求获得“大刀阔斧进行改革”的权力，否则就不接受任命。

此刻的亨利·福特已经病得很重，虽然极不情愿，但他已没有别的路可走。随后，在亨利二世的授意下，为老亨利起草了一份辞职信，并在一次董事会上宣读。1947年4月7日，亨利·福特逝世于故乡德宝，享年83岁，葬于底特律的福特墓地。

在战争和经济大萧条的背景下，通用公司和克莱斯勒不断地推出新型和优质汽车，其发展速度已经超过福特汽车了，而且福特汽车还要面对战后新涌现的汽车制造商们的激烈竞争。

福特公司的情况不太乐观。为了使福特汽车重新崛起，亨利二世在走马上任后进行了大规模的改革，大量招聘优秀人才，甚至从通用汽车公司挖来许多管理人才，推出更多车型，迅速恢复了竞争优势，成为仅次于通用汽车的全美第二大汽车公司，开启了福特王国的新时代。就这样，蓝血十杰就进入了人们的视野。

在亨利二世和蓝血十杰的引领下，上市就这样开启了。当亨利·福特去世 8 年后，他的孙子亨利二世放弃了祖父的执念，使福特汽车上市，成为一家公众公司。

1955 年 11 月 7 日，美国《纽约时报》大篇幅地报道了福特的上市新闻：

> 世界上最大的家族工业帝国——福特汽车公司的普通股票将于明年 1 月首次公开发售。日前发布的一项声明为金融史上最大的一次股票发售扫清了道路。这项声明说“福特家族将出让 52 年前创立的这家公司的多数控制，60% 的股份将发售给投资者，家族仅保留 40%”。
>
> 开始发售股票以后，福特将和通用汽车、克莱斯勒以及 1100 家其他的公司一样，在纽约证交所上市。交易所总裁芬斯顿为福特的决定欢呼，称它是美国公司公有化历史上的里程碑。

不管是当下，还是 20 世纪 50 年代，像福特这样的巨型企业徘徊于资本市场外并不是个案，福特公司迟迟不上市的一个重要原因，就是由于亨利·福特对资本市场的深度了解和解读。

亨利·福特在公开场合反对福特汽车上市，甚至把华尔街视为“贪婪的野蛮人”。亨利·福特毫不隐晦地说过：“股东们，在我看来，应当是那些活跃于该产业把公司看作一个提供服务的工具而非赚钱机器的人。”

在亨利·福特看来，华尔街的那些“贪婪的野蛮人”显然不具备作为福特汽车股东的要求。

当《纽约时报》报道后，福特上市的新闻像一枚重磅炸弹，让关注福特汽车的人们看到不一样的未来。对此，美国历史学家弗雷德里克·艾伦在他的《美国的崛起——沸腾五十年》中这样评价福特的理念和实践：实际上福特所做的所有事情——降低价格、提高生产效率、故意提高工人工资等，就是用前所未有的方式证明现代工业的一项伟大原则：批量生产的动态逻辑。这个原则就是生产厂家生产的商品越多，那么它生产的成本就越低，产品的价格就越低，人们的生活就越好，他们所能购买的东西就越多，让这种丰富而经济的生产原则成为可能。

福特汽车上市后，也取得了惊人的业绩。根据福特汽车2018年财报显示，2018年，福特全球销量为573.4万辆，营收1603.38亿美元，同比增长2.3%，净利润36.77亿美元。

企业上市的最终目的到底是什么

在老干妈不上市的争论中，不管各方出于何种立场，但是必须搞清楚各方观点所折射出的企业上市动机，即企业上市的最终目的到底是什么。

对于绝大多数企业而言，无非是为了通过企业上市来拓宽融资渠道，规范企业的经营行为，提升企业的知名度，达到做大做强的目的。这方面的企业家代表是史玉柱。史玉柱认为，上市其实是为了管理更加规范。

北京时间 2007 年 11 月 1 日晚上 9：30，时任巨人网络公司董事局主席兼首席执行官的史玉柱在美国纽约证券交易所敲响了上市之钟，宣告巨人网络在美国成功上市。

据媒体披露的资料显示，巨人网络上市发行价为 15.5 美元，融资 8.87 亿美元。当日开盘价 18.25 美元，随即攀升到 19.1 美元。[①]

史玉柱在接受媒体采访时表示，成功上市后的巨人网络市值已高达 50 多亿美元，超过盛大（市值 27.6 亿美元）成为中国市值最高的网络游戏公司。同时，上市还造就了 21 个亿万富翁、186 个千万和百万富翁。

不仅如此，巨人网络的上市，标志着中国本土网游的成

---

① 《史玉柱做客新浪谈上市：投资人看好我失败经历》，新浪科技，2007 年 11 月 2 日。

功，标志着中国网游得到了世界的认可。据 IDC 公布的数据，中国网络游戏行业最近几年一直高速增长。2006 年中国网络游戏营收为 815 亿美元，比 2005 年增长了 735%。IDC 预计，2011 年中国网络游戏营收将达到 30 亿美元，相当于 2006 年至 2011 年期间，中国网络游戏营收将保持 302% 的年均增长速度。[①]

东山再起的史玉柱此次赴美上市，有着自己的考量，特别是此次巨人网络上市选择的是最为严格的美国纽约交易所。史玉柱解释说："纽交所是全球规模最大、历史最悠久的交易所之一，它的规则非常严，这和我们做百年老店的战略是相符的。如果选择国内或香港上市，融资会更多一点，但想来想去还是来纽交所。在纽交所募集资金 10 个多亿，我们觉得已经不错了。"

其实，史玉柱赴美上市，其目的有三：

（1）提升巨人网络的抗风险能力。在史玉柱看来，赴美上市更多的考虑依然是提升巨人网络的抗风险能力问题。史玉柱在接受采访时坦言，企业大了，第一位的便不是利润，而是企业的安全。因此，赴美上市就是为了提升巨人网络抗风险的能力。史玉柱说："从企业安全的角度，企业也应该上市。如果我们回头看看，在这个行业里，很多企业已经下去了，而且下去

① 杨连柱：《史玉柱如是说》，中国经济出版社 2008 年版，第 108 页。

就起不来了，但上市公司抗波折的能力就高得多。在资本市场的支持下，企业有了强大的融资能力，抗风险能力自然会大大改善。”[①]

（2）管理规范化。要想使得巨人网络更加安全地生存下去，就必须去最严格的美国纽约交易所上市，这样更能促进企业管理规范化。史玉柱说：“上市逼你走稳，公司管理将进入更为规范的阶段，以前是我一个人说了算，后来是公司的办公会议作决定，现在有了独立董事，管理会更加规范。上市通过法律等各种手段形成制约，相对来说作出错误决策的可能性（大大）减小，董事会、股东大会等在组织安排上又多加了几道保护。”[②]

（3）改变公众看法。赴美上市是为了改变公众的看法。由于史玉柱失败过，这就使得公众对史玉柱创办的企业产生强烈的不信任感。史玉柱为了改变公众对自己的看法，其方法之一就是选择上市，并选择了较其他交易所更为严格的纽交所。史玉柱是这样解释的：（上市）把公司的规格提高了，在纽交所上市的公司从可信度等（方面）来说都是非常强的。要是跟一个公司做生意，上市的跟不上市的，肯定要相信上市公司。如果是在 A 股上市的和在香港上市的，可能更相信香港的，在

① 《史玉柱做客新浪谈上市：投资人看好我失败经历》，新浪科技，2007 年 11 月 2 日。

② 《史玉柱做客新浪谈上市：投资人看好我失败经历》，新浪科技，2007 年 11 月 2 日。

香港和在纽约上市的，肯定更相信纽约的，竞争力也会更高一些。一下子把自己拿到国际资本市场上。如果我们在A股上市能发（行）3倍或4倍的钱，但是我们觉得如果想做百年老店的话，还是来这里意义更大一些。[①]

对于史玉柱而言，赴美上市不仅是融资，更多的是让巨人网络这个企业更加规范，因为巨人网络凝聚着史玉柱的记忆和情感。

在企业上市的动机中，像史玉柱这样的上市动机无疑会给企业的持续发展和基业长青注入活力。但是一旦背离这个目标，对于企业来说，无疑是灾难。

上市只是一种融资手段，与老干妈打造百年老店并不矛盾

对于上市与否，本不是一个具有多大争议的话题，然而在中国企业界，似乎争议较大。在坊间，流传一句顺口溜——“永不上市老四家，顺丰、华为、老干妈，还有一个娃哈哈！”

然而，随着2017年2月24日顺丰的上市，这个顺口溜早已成为历史。顺丰上市之前，王卫对上市热情度不够，对此，他说道：“上市无非是获得企业发展所需的资金。顺丰也缺钱，

---

① 《史玉柱做客新浪谈上市：投资人看好我失败经历》，新浪科技，2007年11月2日。

但顺丰不能为了钱而上市。上市后，企业将变成一个赚钱机器，每天股价的变动都牵动企业的神经，对企业管理层的管理极为不利。”

正因为持如此观点，在很长时间内，王卫抵触相关注资、上市之类话题，坊间甚至还流传王卫拒绝投资人的各种版本：2004年，美国联邦快递有意拓展中国市场，打算出资40亿~50亿元的价格并购顺丰。面对橄榄枝，王卫果断地拒绝了。同年，顺丰销售额也就13亿元。

作为快递业的龙头企业，风险投资者自然不会漠视这样的潜力股。面对资本，王卫却始终没有答应，也不见面。

面对王卫的犹豫，该风投开出50万元的中介费用，只为与王卫吃个饭、聊聊天。

曾经有一位咨询企业董事长私下透露称，包括花旗银行在内的很多美国投资商曾找到他，试图让他说服王卫投资顺丰，一旦投资成功，该董事长获得1000万美元佣金。

面对资本，从当初的抗拒到接纳，王卫肯定经历过一段痛苦的挣扎。尤其是随着韵达、圆通和申通的接连上市，其融资获得了巨额的资金。不仅如此，经过20多年的发展，快递行业渐渐触及坡顶，并且越发不景气，尤其是市场的急剧变化，让强悍的顺丰也不得不低头。为了快速融资，顺丰跳过IPO，直接借壳上市。

从这个角度来讲，老干妈的上市与否依旧存在最大的变数。当然，这个变数取决于老干妈的接班人。

公开资料显示，陶华碧的两个儿子李妙行和李贵山分别持有老干妈51%和49%的股份，他们一个负责生产，一个负责市场。虽然陶华碧把股份给了两个儿子，但是她依旧是老干妈的董事长，也就是说，陶华碧家族百分之百持有老干妈公司的全部股权。陶华碧这样做，虽然保证了自己对老干妈的控制权和决策上的灵活，但最大的问题是，她现在年纪较大，退休是必然的。

从这个角度来讲，在下一代李妙行和李贵山的领导下，老干妈能否像其母亲一样坚持不上市，不向资本妥协，就仍是一个未知数。

中国食品产业研究员朱丹蓬在接受媒体采访时就谈过这个问题："陶华碧一直以来都是一言堂，当创二代还没有独当一面的能力阶段，都是她自己说了算，她自身对资本市场也不甚关心，所以一直没有上市。……如今，即使对上市意念有松动，也是因为一方面随着创二代逐渐走向台前，要接触资本市场，另一方面，当地政府对老干妈帮助很重要，政府也需要老干妈上市。从中长期概念来说，老干妈上市符合中国行业发展的趋势。"

附　录

老干妈所获荣誉

1998年

被南明区授予“先进纳税户”称号

被南明区地方税务局授予“先进纳税大户”称号

系列产品被贵阳市政府评定为“贵阳市名牌产品”

被贵阳市政府授予“质量管理先进企业”

被贵阳市技术监督局评为“贯彻实施技术监督法规先进企业”

产品“老干妈风味豆豉”被评为“贵州省名牌产品”

1999年

产品“老干妈风味油辣椒”被评为“贵阳市（推荐）名牌产品”

产品“老干妈风味油辣椒”被评为“贵州省名牌产品”

被贵阳市委、市政府评为“贵阳市十强民营企业”

被南明区评为“经济工作先进单位”

被南明区评定为“十佳纳税企业”

“陶华碧牌”老干妈商标被评为“贵州省著名商标”

被中国食品工业协会评为“全国质量效益型先进企业”

2000年

被评为“贵阳市南明区重点企业”

被评为“贵阳市非公有制经济先进私营企业”

被贵州省委、省政府授予“贵州省非公有制经济‘明星企业’”暨“一九九九年度发展乡镇企业‘先进企业’”称号

“老干妈鲜牛肉末”被评为“贵州省名牌产品”

被国家农业部评为“全国乡镇企业质量管理先进单位”

2001 年

被贵阳市政府评为“党建文明先进单位”

荣获“‘十强’纳税大户”称号

被贵州省农业厅等 12 厅局评定为“贵州省农业产业化经营重点龙头企业”

被中国食品工业协会评定为“中国农业产业化经营 20 大龙头食品企业”

系列产品被评为“2001 中国国际农业博览会名牌产品”

2002 年

被贵州省国家税务局和贵州省地方税务局共同评定为“诚信纳税企业”

被贵阳市人民政府授予“非公有制工业企业党建先进单位”

被贵州省委、省政府授予“1999—2002 年度文明单位”称号

被贵州省委、省人民政府评为“发展乡镇企业先进单位”

年度纳税额在国家税务总局统计的排行榜中名列中国私营企业纳税第五名

通过 ISO9001 质量管理体系认证

2003 年

被贵阳市政府授予“党建文明先进单位”称号

荣获“‘十强’纳税大户”称号

被贵阳市委、市政府评为“‘十佳’明星企业”

成为“贵州质量诚信企业联盟行业独家发起单位”

被评为“贵州省食品工业杰出企业”

注册商标“老干妈”被评为“贵州省食品工业著名品牌”

被贵阳市南明区委、区人民政府评为“纳税突出贡献企业”

被贵阳市人民政府授予“非公有制工业企业党建先进单位”

年度纳税额在国家税务总局统计的排行榜中位列中国私营企业纳税第十名

2004 年

“油辣椒”被评定为“绿色食品”

被中国保护消费者基金会评为“质量放心、用户满意”双

优品牌

产品“鲜肉丝豆豉”和“红油腐乳”分别荣获贵阳市优秀新产品三等奖和鼓励奖

荣获“2003年度重点非公有制经济优势企业”称号

注册商标“老干妈”被贵州省工商局评为“贵州十佳著名商标”和“消费者喜爱的品牌”

被国家农业部、发改委、财政部等8部委认定为“农业产业化国家重点龙头企业”

被中国食品安全年会组委会授予“全国食品安全示范单位”

被贵州省国家税务局和地方税务局共同评为“A级纳税信用企业”

年度纳税额在国家税务总局统计的排行榜中位列中国私营企业纳税第二十五名

通过ISO14001环境管理体系认证

2005年

被评为“首届贵州省50家诚信单位”

被评为“依法治厂示范单位”

被评为“贵州省知识产权试点单位”

被国家农业部、发改委、财政部等8部委评为“全国农业产业化优秀重点龙头企业”

被授予历届中国食品博览会参展产品“最佳成果奖”

产品“鲜肉丝豆豉”“香辣脆”“辣三丁”和“辣子鸡”被评为“贵阳市（推荐）名牌产品”

被农业部评为“全国农产品加工示范企业”

被贵州省国家税务局和地方税务局共同评为“A 级纳税信用企业”

年度纳税额在国家税务总局统计的排行榜中位列中国私营企业纳税第三十七名

2006 年

通过 HACCP 认证

系列产品荣获 2006“开磷杯”多彩贵州旅游商品两赛一会贵阳市选拔赛旅游商品设计大赛优秀奖

系列产品荣获 2006“开磷杯”多彩贵州旅游商品设计大赛特别提名奖

荣获“中国名牌产品”称号

荣获“2005—2006 年度全国食品工业优秀龙头食品企业”称号

2007 年

“陶华碧老干妈及图”荣获驰名商标

2014 年

老干妈入选 2014 年中国最有价值品牌 500 强榜单，以 160.59 亿元的品牌价值名列第 151 位

2016 年

老干妈年营业收入达到 45.49 亿元，同期年纳税额 7.55 亿元，排名贵州民营企业 100 强的第二位

2017 年

2017 年 8 月 1 日，贵州企业联合网发布了“双百榜单”。在“2017 年贵州民营企业 100 强名单”中，老干妈榜上有名，位列第五

2018 年

2018 年 1 月 24 日，老干妈辣椒制品的日生产能力已超过 300 万瓶，拥有 24 个系列产品，同时产品畅销全球各地，产品出口 80 个国家和地区

2018 年 5 月，老干妈品牌价值 121.48 亿元

参考文献

[1] 陈维城:《瑞幸咖啡登陆纳斯达克募资 6.95 亿美元》,《新京报》2019 年 5 月 17 日。

[2] 陈芳:《独家对话老干妈:我不坚强,就没得饭吃》凤凰网,2013 年 6 月 6 日。

[3]《大象 IPO 应收账款,竟让一家上市企业倒闭!》网易,2018 年 12 月 9 日。

[4] 傅光云、李峻岭:《娃哈哈最新反击:向杭州仲裁委申请商标转让仲裁》,《国际金融报》2007 年 6 月 14 日。

[5] 郭鑫、何小桃:《又爆一个大雷!商界女精英罗静被拘,坐拥 3 家上市公司》,《每日经济新闻》2019 年 7 月 5 日。

[6] 郝北海:《"老干妈":逆营销下塑造商业传奇》,《科技日报》2015 年 1 月 13 日。

[7] 黄利明:《新规约束 IPO 发行灰色利益链》,《经济观察报》2010 年 8 月 23 日。

[8] 姬万里:《洞见:互联网时代,我们能做什么》,《经济视点报》2014 年 3 月 27 日。

［9］姬康：《日企长寿 DNA》，《财经国家周刊》2012 年第 10 期。

［10］《江苏博信投资控股股份有限公司 2018 年年度报告》，2019 年 4 月 30 日。

［11］《江苏博信投资控股股份有限公司关于公司实际控制人兼董事长、财务总监被刑事拘留的公告》，2019 年 7 月 5 日。

［12］经宝：《不贷款、不融资、不上市“老干妈”不上市给政府和企业的启示》，《企业家日报》2014 年 4 月 25 日。

［13］刘慎良：《小马奔腾创始人遗孀被判赔 2 亿债向北京高院上诉》，《北京青年报》2018 年 1 月 9 日。

［14］刘刚：《学习日本与日本式学习》，《企业管理》2013 年第 8 期。

［15］李春晖：《李途纯：太子奶和三聚氰胺事件都是外国间谍制造的》，《中国企业家》2014 年 1 月 3 日。

［16］林景新：《娃哈哈：错位博弈》，《中国经济信息》2007 年第 11 期。

［17］林剑萍：《偏执狂与客户体验》，《中国对外贸易》2012 年第 10 期。

［18］［美］戴维·奥德兹、［德］埃里克·莱曼：《德国的七个秘密》，颜超凡译，中信出版社 2018 年版。

［19］马元月、彭梦飞：《谁为上市公司“圈钱”买单减持潮后再刮定增风》，《北京商报》2015 年 6 月 15 日。

［20］《证监会：受理首发及发行存托凭证企业 300 家已过会 32 家》，每经网，2019 年 1 月 5 日。

［21］NHK. 日本企业长盛不衰的奥秘，2006 年。

［22］（清）郑珍、莫友芝：《遵义府志》，道光二十一年刻本。

［23］邱琳：《900 次对赌纠纷，创业者无一胜诉，他们错在了这 9 个地方》，搜狐网，2019 年 6 月 24 日。

［24］［日］船桥晴雄：《日本长寿企业的经营秘籍》，清华大学出版社 2011 年版。

［25］［日］勘兵卫：《国分小史》，国分株式会社 1992 年版。

［26］任明杰、欧阳春香：《“坚决不上市”的老干妈，会接受深交所的橄榄枝吗》，《中国证券报》2018 年 8 月 7 日。

［27］《史玉柱自述：我的营销心得》，同心出版社 2013 年版。

［28］上海证券交易所：《迈向新蓝筹——在上海证券交易所上市》，上海证券交易所官网，2019 年。

［29］孙晨、宁华、谢扬林、李乐：《娃哈哈与达能纠纷真相》，《中国经营报》2007 年 11 月 21 日。

［30］单晓语：《最高法“解释”出台，小马奔腾创始人遗孀金燕的 2 亿欠款有救了》，搜狐网，2018 年 1 月 18 日。

［31］《深交所发行上市条件》，深圳证券交易所官网，

2019 年 7 月 23 日。

[32]《深交所发行上市流程》，深圳证券交易所官网，2019 年 7 月 23 日。

[33]《深圳证券交易所证券上市协议》，深圳证券交易所官网，2019 年 7 月 23 日。

[34] 田涛、吴春波:《下一个倒下的会不会是华为》，中信出版社 2012 年版。

[35] 田艳琴:《英雄虽逝精神永存》,《铜仁日报》2018 年 5 月 17 日。

[36] 唐郡:《“被刑拘”女富豪资本末路：风头一度盖过董明珠大玩财技被抓》，凤凰网，2019 年 7 月 9 日。

[37] 万润龙:《杭州仲裁娃哈哈集团胜》,《文汇报》2007 年 12 月 11 日。

[38] 王薇薇:《老干妈成资本市场绝缘体：拒绝上市政府找也不行》,《理财周报》2014 年第 3 期。

[39] 王思语:《俏江南做成了“俏江难”恐张兰董事长地位不稳》,《华西都市报》2015 年 4 月 8 日。

[40] 王强:《撕开资本的傲慢创业者千万不要签对赌协议》,《福布斯中国》2015 年第 3 期。

[41] 王方剑:《中国企业谁能百年》,《领导文萃》2000 年第 12 期。

[42]《海内外上市优劣及成本比较》，网易财经，2013 年

9月22日。

[43]王志纲:《日鼓鼓的贵州》,搜狐网,2019年6月30日。

[44]王志纲:《"盗火者"任正非》,搜狐网,2019年1月27日。

[45]吴婷:《美国的上市公司数为什么那么少?》,搜狐网,2016年2月3日。

[46]《主板上市流程》,香港证券交易所官网,2019年7月23日。

[47]叶檀:《华为和老干妈坚持不上市为何赢得掌声?》,《每日经济新闻》2014年5月12日。

[48]鄢银婵:《老干妈创始人不当家已近3年大儿子和"神秘人"执掌公司》,《每日经济新闻》2017年2月14日。

[49]《最高人民法院关于审理涉及夫妻债务纠纷案件适用法律有关问题的解释》,最高人民法院网,2018年1月17日。

[50]中国证券监督管理委员会:《关于发布〈公开发行证券的公司信息披露内容与格式准则第7号——股票上市公告书〉的通知》,2001年3月15日。

[51]《任正非:华为为什么不上市?》,中国企业家网,2014年。

[52]郑馨悦:《顺丰终将食言上市背后王卫究竟有何考量》,《国际金融报》2017年12月18日。

[53]张翔:《中国家族企业业绩好于职业经理人公司》,《南

宁晚报》2013 年 9 月 24 日。

[54] 张焕平:《上市公司募集资金用途变更较大的 8 个例子》,《财经周刊》2012 年第 4 期。

[55] 张晓荣:《老干妈创始人陶华碧现身澄清，坚称不融资不上市》,《新京报》2018 年 11 月 20 日。

[56] 张乐、裘立华、王小波:《宗庆后后悔了》,《经济参考报》2007 年 4 月 3 日。

[57] 张平:《老干妈拒绝上市让谁汗颜》,《城市导报》2014 年 4 月 15 日。

[58] 赵阳戈:《神舟电脑 IPO 过会再落马 9 年冲击 4 次无果》,《每日经济新闻》2013 年 6 月 4 日。

[59]周红:《企业上市全程指引》，中信出版社 2014 年版。

[60] 周科竞:《上市公司圈钱不能太无耻》,《北京商报》2011 年 5 月 20 日。

[61] 周磊:《德国中小企业太剽悍一千多家“隐形冠军”占据全球半壁江山》,《欧洲时报》(德国版)2015 年 12 月 18 日。

[62] 周锡冰、周梅梅、吴旭芳:《老干妈你学不会》，厦门大学出版社 2019 年版。

[63] 周锡冰:《中国家族企业死亡真相调查报告》，经济管理出版社 2019 年版。

[64] 周锡冰:《日本百年企业的长赢基因》，清华大学出版社 2014 年版。

后　记

在中国的企业家中，老干妈创始人陶华碧坚守实业，甚至依旧采取“一手钱，一手货”的现货交易。

充盈的现金净流入，以及良好的市场预期，使得投资机构者如同贪婪的秃鹫，一波一波地透过贵州政府，传达给老干妈的高层，甚至深圳交易所的副总经理也奔赴贵州为老干妈“辅导上市”。

一石激起千层浪，处在风口浪尖的老干妈不得不出面澄清。然而，老干妈的辟谣再次引起媒体的猜测。

老干妈的创始人陶华碧不得不接受采访，澄清自己的战略主张。2018 年 11 月 13 日，身着标志性“皮草”服饰——花棉袄和皮草帽的陶华碧，接受贵州电视台“动静贵州”的采访。她正襟危坐，郑重地重申老干妈的战略——“不贷款，不参股，不融资，不上市”。

此次采访，陶华碧旨在澄清 2018 年 8 月深交所的相关工作人员为老干妈公司做上市培训的意图。甚至，深圳交易所的副总经理都坦言，期望为部分明星企业提供上市、发债等服务。

此刻的陶华碧，只要点头即可申请在深圳交易所上市。但是，陶华碧拒绝了深圳交易所的邀请，甚至回应称：深交所就是来看看。老干妈不会上市，未来也没有上市的计划。

对此，银河证券前首席经济学家、国务院参事室特约研究员左小蕾给予陶华碧较高的评价。左小蕾在浙江调研期间，不少企业创始人都对左小蕾说过，那些真正优秀的企业都不上市。因此，在左小蕾看来，那些不借助上市，不借助融资，都能做强做大的企业，其真正实力不可小觑。

中泰证券首席经济学家李迅雷对陶华碧的做法表示理解。李迅雷表示，像老干妈这样的企业，不上市主要是现金流好，不缺钱；另外不想被充分披露公司信息；然后是不想被别人控股。

尽管老干妈上市的话题暂告段落，但总会隔三岔五地再次被提及。岁月悠悠，尽管老干妈上市是一个财经热点话题，但是陶华碧依旧态度决绝：谈都不要谈！免谈！你问我要钱，我没得，要命一条。

我们因此才能看到一个拒绝资本诱惑的企业家，有志于打造百年老店的范本。正因为这一点，笔者及团队致力于中国企业的研究、培训和撰写，以工匠精神为指导，挖掘老干妈品牌故事背后的匠人基因，助力老干妈打造百年老店。笔者想要传播的不仅是思想，更多的是传统匠人文化的传承故事。

这里，笔者要感谢“财富商学院书系”的优秀人员，他们也参与了本书的前期策划、市场论证、资料收集、书稿校对、文字修改、图表制作等工作。

以下人员对本书的完成亦有贡献，在此一并感谢：周梅梅、吴旭芳、简再飞、周芝琴、吴江龙、吴抄男、赵丽蓉、周斌、周凤琴、周玲玲、金易、汪洋、兰世辉、徐世明、周云成、周天刚、丁启维、吴雨凤、蒋建平、张大德、周凤琴、何庆、李嘉燕、陈德生、丁芸芸、徐思、李艾丽、李言、黄坤山、李文强、陈放、赵晓棠、熊娜、苟斌、佘玮、欧阳春梅、文淑霞、占小红、史霞、陈德生、杨丹萍、沈娟、刘炳全、吴雨来、王建、庞志东、姚信誉、周晶晶、蔡跃、姜玲玲、霍红建、赵立军、王彦、厉蓉、李艾丽、李言、李文强、丁文、兰世辉、徐世明、李爱军、周云成、叶建国、欧阳春梅，等等。

任何一本书的写作，都是建立在许多人的研究成果基础之上的。在写作过程中，笔者参阅了相关资料，包括电视、图书、网络、视频、报纸、杂志等，所参考的文献，凡属专门引述的，都尽可能地注明了出处，其他情况则在书后附注的“参考文献”中列出，在此向有关文献的作者表示衷心的谢意！如有疏漏之处还望原谅。

本书在出版过程中得到了许多教授，研究老干妈融资、供应链管理、品牌营销、质量管理的多位专家、媒体记者、中国本土企业家、日本长寿企业店主，以及出版社的编辑等的大力支持和热心帮助，在此表示衷心的谢意。

由于时间仓促，书中纰漏难免，欢迎读者批评指正。

周锡冰

2022 年 1 月 18 于北京财富书坊